企业破产中的法律风险及其规制

主 编 宫 鉴
副主编 耿晓兵 王 东

西南交通大学出版社
·成都·

图书在版编目（CIP）数据

企业破产中的法律风险及其规制 / 宫鉴主编.
成都：西南交通大学出版社，2024.7. -- ISBN 978-7-5643-9884-2

Ⅰ. D922.291.924

中国国家版本馆 CIP 数据核字第 20246MD710 号

Qiye Pochan zhong de Falü Fengxian ji qi Guizhi
企业破产中的法律风险及其规制

主编 官 鉴

责任编辑	孟秀芝
封面设计	原谋书装
出版发行	西南交通大学出版社
	（四川省成都市金牛区二环路北一段 111 号
	西南交通大学创新大厦 21 楼）
营销部电话	028-87600564　028-87600533
邮政编码	610031
网　　址	http://www.xnjdcbs.com
印　　刷	成都蜀通印务有限责任公司
成品尺寸	170 mm × 230 mm
印　　张	10.75
字　　数	170 千
版　　次	2024 年 7 月第 1 版
印　　次	2024 年 7 月第 1 次
书　　号	ISBN 978-7-5643-9884-2
定　　价	49.00 元

图书如有印装质量问题　本社负责退换
版权所有　盗版必究　举报电话：028-87600562

前言

PREFACE

从经济学上看，企业破产是一个复杂而严峻的经济现象，对企业、员工和整个社会经济系统都会带来深远的影响；从法律上看，企业破产是指企业在生产经营过程中由于经营管理不善，当负债达到或超过所占有的全部资产，不能清偿到期债务，资不抵债的企业行为，是一种兼具程序和实体的综合法律行为。因此，对企业破产中的法律风险进行梳理和检视，进而提出相应的风险应对举措，是社会经济发展中的重要理论和实践命题。

应当看到的是，在企业日常经营过程中，法律风险往往是无法回避的。不当的合同管理、知识产权侵权、违规行为等都可能导致企业陷入法律纠纷，而当企业陷入破产时，法律风险变得更加复杂和敏感。企业破产过程中，存在着民事、刑事和破产管理履职等诸多风险，涉及企业内部和外部两个维度，因此需准确识别和规制相关风险对企业、债权人和社会秩序的深远影响。

民事风险是企业破产中最主要的风险类型。民事风险通常涉及企业与债权人、供应商、客户等各方的纠纷，若未能妥善处理这些纠纷，可能进一步加剧企业的困境并影响其破产处理的效果。因此，及时采取民事风险的防范和应对措施，对企业破产过程的顺利进行至关重要。

刑事风险也是企业破产中值得重视的方面。某些情况下，企业破产可能涉及刑事犯罪行为，如财务舞弊、虚假会计、挪用资金等。这些行为不仅破坏了企业的声誉，也可能导致犯罪指控和刑罚。因此，企业应该加强内部控制，确保依法经营，避免陷入刑事风险。

在企业破产的处理过程中，破产管理人履职也会涉及风险。破产管理人作为独立的第三方，负责破产财产的管理和分配，必须遵守严格的法律规定和职业道德准则。破产管理人需要保持中立和公正，确保债权人的权益得到充分保护。然而，由于破产管理人在处理复杂的破产案件中承担重大责任，他们也面临着严峻的法律风险和职业责任风险。

基于上述考虑，本书以类型化风险行为和大量案例为基础，重点探讨企业破产中的法律风险及其规制、民事风险、刑事风险以及破产管理人履职风险，深入分析各种风险的成因、特点和应对策略，为读者提供实用的指导和建议。作为一位企业家、投资人、破产从业人员或学术研究人员，了解企业破产中的法律风险及其规制是必备知识。我们希望通过本书的阅读，读者能够更好地认识企业破产中的法律风险、理解法律风险规制的重要性，从而规避风险、提升企业的竞争力和维护企业的稳定性。通过本书的撰写，我们将为读者提供一个深入、全面了解企业破产风险和规制的视角，并帮助相关主体在面对破产困境时做出明智的应对和决策。

要感谢所有为本书的出版做出贡献的人员，感谢编写组侯朝阳、李森、王学磊、李俊成、陈玉翠、曹爽、李露、操乐胜、王星星、蔡敏等律师同仁的付出。

作为本作品的出品单位，安徽知秋律师事务所破产清算法律事务中心为本书的撰写做出了很大的贡献。作为首批入选安徽省高级人民法院编制省级（一级）破产管理人名册的中介机构，2021年在省内率先成立安徽知秋律师事务所破产清算法律事务中心，该中心办理的破产清算重整案件数量居安徽省破产管理人前列，积累了大量的破产办案经验。读者手中的这本书是现阶段思考的沉淀，毋庸置疑，这本书如果有几分创新的话，也可能伴随几分的不足，但一想到"夜晚遮风挡雨的客栈毕竟不是旅行的目的地，法律就像旅行者一样，天明还得出发"，就会欣然踏上新的征程。

编 者
2024 年 1 月

主要法律法规和规范性文件

一、现行法律

《中华人民共和国民法典》
《中华人民共和国企业破产法》
《中华人民共和国公司法》
《中华人民共和国合伙企业法》

二、最高院司法解释

1.《最高人民法院关于适用〈中华人民共和国企业破产法〉若干问题的规定（一）》

2.《最高人民法院关于适用〈中华人民共和国企业破产法〉若干问题的规定（二）》（2020年修正）

3.《最高人民法院关于适用〈中华人民共和国企业破产法〉若干问题的规定（三）》（2020年修正）

4.《最高人民法院关于适用〈中华人民共和国公司法〉若干问题的规定（一）》（2014年修正）

5.《最高人民法院关于适用〈中华人民共和国公司法〉若干问题的规定（二）》（2020年修正）

6.《最高人民法院关于适用〈中华人民共和国公司法〉若干问题的规定（三）》（2020年修正）

7.《最高人民法院关于适用〈中华人民共和国公司法〉若干问题的规定（四）》（2020年修正）

8.《最高人民法院关于适用〈中华人民共和国公司法〉若干问题的规定（五）》（2020年修正）

9.《最高人民法院关于审理企业破产案件若干问题的规定》

10.《最高人民法院关于审理企业破产案件指定管理人的规定》

11.《最高人民法院关于审理企业破产案件确定管理人报酬的规定》

12.《最高人民法院关于〈中华人民共和国企业破产法〉施行时尚未审结的企业破产案件适用法律若干问题的规定》

13.《最高人民法院关于人民法院民事执行中查封、扣押、冻结财产的规定》

14.《最高人民法院关于民事执行中财产调查若干问题的规定》

15.《最高人民法院关于人民法院民事执行中拍卖、变卖财产的规定》（2020年修正）

16.《最高人民法院关于破产企业国有划拨土地使用权应否列入破产财产等问题的批复》

17.《最高人民法院关于税务机关就破产企业欠缴税款产生的滞纳金提起的债权确认之诉应否受理问题的批复》

18.《最高人民法院关于债权人对人员下落不明或者财产状况不清的债务人申请破产清算案件如何处理的批复》

19.《最高人民法院关于个人独资企业清算是否可以参照适用企业破产法规定的破产清算程序的批复》

20.《最高人民法院关于对因资不抵债无法继续办学被终止的民办学校如何组织清算问题的批复》

三、最高院司法文件

1.《最高人民法院关于执行案件移送破产审查若干问题的指导意见》

2.《关于完善企业破产配套制度保障管理人依法履职 进一步优化营商环境的意见（征求意见稿）》

3.最高人民法院民二庭负责人就《执行案件移送破产审查若干问题的指导意见》答记者问

4.《最高人民法院印发〈关于企业破产案件信息公开的规定（试行）〉的通知》

5.《最高人民法院关于印发〈全国法院破产审判工作会议纪要〉的通知》

6.《最高人民法院印发〈关于进一步加强金融审判工作的若干意见〉的通知》

7.《最高人民法院关于破产案件立案受理有关问题的通知》

8.《最高人民法院关于调整强制清算与破产案件类型划分的通知》

9.《最高人民法院关于印发〈推进破产案件依法高效审理的意见〉的通知》

10.《最高人民法院关于印发〈全国法院民商事审判工作会议纪要〉的通知》

四、行政法规和部门部委规章

1.《中华人民共和国市场登记管理条例》

2.《市场监管总局 人力资源社会保障部 商务部 海关总署 税务总局关于发布〈企业注销指引（2021年修订）〉的公告》

3.《财政部关于印发〈企业破产清算有关会计处理规定〉的通知》

4.《国家市场监管总局关于开展进一步完善企业简易注销登记改革试点工作的通知》

5.《国家税务总局关于深化"放管服"改革更大力度推进优化税务注销办理程序工作的通知》

目 录
CONTENTS

第一章 企业破产及法律风险概述 ·········· 001
  一、企业破产的起源及司法演变 ·········· 001
    （一）破产的概念起源和内涵 ·········· 001
    （二）破产法律制度 ·········· 002
  二、企业破产及其法律风险 ·········· 004
    （一）企业破产的内涵和性质 ·········· 004
    （二）企业破产的价值和意义 ·········· 005
    （三）企业破产的法律风险 ·········· 006

第二章 企业破产中的民事风险及其规制 ·········· 012
  一、企业破产中的民事风险概述 ·········· 012
    （一）法律风险分类 ·········· 013
    （二）企业破产中的民事风险 ·········· 016
  二、企业破产中的民事风险类型 ·········· 022
    （一）管理人（清算组）成员的民事责任风险 ·········· 022
    （二）未尽忠实、勤勉义务致使企业破产的民事责任风险 ·········· 023
    （三）欺诈破产的民事责任风险 ·········· 023
    （四）欺诈破产的诉讼风险 ·········· 024
  三、企业破产民事风险典型案例分析 ·········· 035
  四、企业破产中的民事风险规制对策 ·········· 055
    （一）企业陷入经营困境阶段至进入破产程序阶段的
        民事风险规制 ·········· 055
    （二）债权人面对破产企业的法律风险防范 ·········· 061

第三章　企业破产中的刑事风险及其规制 ……………………… 068
一、企业破产中的刑事法律风险概述 …………………………… 068
　　（一）企业刑事法律风险的内涵及防控必要性 ……………… 068
　　（二）企业破产中的刑事法律风险的内涵及防控必要性 …… 073
二、企业破产中的刑事风险类型 ………………………………… 077
　　（一）常见的分类方法概述 …………………………………… 077
　　（二）破产欺诈类 ……………………………………………… 078
　　（三）贪污受贿类 ……………………………………………… 082
　　（四）经营管理类 ……………………………………………… 085
　　（五）劳动关系类 ……………………………………………… 087
　　（六）环境保护类 ……………………………………………… 089
三、企业破产涉及刑事罪名及典型案例分析 …………………… 092
　　（一）虚假破产罪 ……………………………………………… 093
　　（二）妨害清算罪 ……………………………………………… 095
　　（三）隐匿、故意销毁会计凭证、会计账簿、
　　　　　财务会计报告罪 ……………………………………… 097
　　（四）非法吸收公众存款罪 …………………………………… 099
　　（五）集资诈骗罪 ……………………………………………… 101
　　（六）虚开增值税专用发票罪 ………………………………… 104
四、企业破产中的刑事风险规制对策 …………………………… 107
　　（一）我国破产犯罪法律规定的特点 ………………………… 107
　　（二）债务人的刑事破产风险应对之策 ……………………… 108
　　（三）债权人的刑事破产风险应对之策 ……………………… 115

第四章　企业破产管理人履职风险及其规制 …………………… 119
一、破产管理人履职风险概述 …………………………………… 119
　　（一）破产管理人的历史演变 ………………………………… 119
　　（二）我国破产管理人的主要履职义务 ……………………… 120
　　（三）破产管理人履职风险 …………………………………… 122

二、破产管理人履职风险类型 …………………………………… 128
　　（一）民事责任风险 ……………………………………… 129
　　（二）刑事责任风险 ……………………………………… 135
　　（三）行政责任风险 ……………………………………… 135
三、破产管理人履职风险典型案例分析 ……………………… 137
四、破产管理人履职风险的规制对策 ………………………… 146
　　（一）完善管理人内部工作机制 ………………………… 147
　　（二）完善破产管理人的执业责任保险制度 …………… 149
　　（三）建立最高限额赔偿机制 …………………………… 151

参考文献 …………………………………………………………… 156

第一章　企业破产及法律风险概述

一、企业破产的起源及司法演变

(一) 破产的概念起源和内涵

从词源学看,"破产"(bankrupty)是纯粹的外来语汇。有学者论证其缘起于古罗马的《十二铜表法》;也有学者认为它萌芽于古巴比伦王国的《汉谟拉比法典》第117条的规定:"若自由民负有债务,则将其妻子、儿女出卖,或者交出充作债奴。他们在其买者或者债权者家中服役期限为3年,到第4年便应恢复自由";还有学者认为,作为一项较完整的破产制度,应当认为破产是以罗马法为摇篮的,因为罗马法被恩格斯誉为"商品生产者社会的第一个世界性法律",很难设想,在没有商品生产和商品交换的社会,会产生严格意义上的破产概念。

根据我国学者的通常说法,"破产"一词源于拉丁语"falletux",意思为"失败"(failure)。这种语焉不详的所谓"考证",在学者中间长期相沿。但就笔者所查的英文资料看,英美学者的考证结果与我国学者有所差别。他们认为,"破产"一语,最早萌芽于14世纪,由意大利语"banca rotta"派生而来,被译为"broken bencch",中文意思是"摊位被毁"。

从性质上看,破产最早是经济学意义上的。经济学意义上的破产是指债务人的一种特殊经济状态,在此状态中,债务人已无力支付其到期债务,而最终不得不倾其所有以偿债务,这一层面上的破产是对某种客观事实的表达和描述。而法律意义上的破产指一种法律手段和法律程序,通过这种手段和程序,概括性地解决债务人和众多债权人之间的债权债务关系。这层意义上的破产,是对某种法律现象的抽象和概括。破产的这两层基本含义既可分别独立地存在和使用,也可结合起来理解和界定。

在我国，尽管经济学意义上的破产古已有之，但作为法律术语的"破产"，则是近代以后从西方传播过来的，最早出现于1906年颁布的《破产律》中。新中国成立初期，由于我国奉行计划经济体制的苏联模式，再加上中国传统文化本质上的排拒，"破产"一度成为一个消极的语汇，被认为是只有资本主义才可能产生的。直到1986年末，《企业破产法》（试行）通过以后，"破产"二字才真正地在中国法学语汇中取得正当地位。

根据我国法律规定，破产是指债务人因不能偿债或者资不抵债时，由债权人或债务人诉请法院宣告破产并依破产程序偿还债务的一种法律制度。狭义的破产制度仅指破产清算制度，广义的破产制度还包括重整与和解制度。一般而言，破产指债务人不能清偿债务的事实状态，也称事实上的破产。它主要分为两类：一类是债务人丧失了继续经营事业的财产承受能力；另一类是债务人发生了债务清偿不能的财务危机。但是在法律上使用"破产"，是指债务人不能清偿债务时所适用的偿债程序和该程序终结后债务人的身份地位受限制的法律状态。

（二）破产法律制度

现代破产法则起源于英格兰。最初，英格兰的破产法仅适用于商人，并在16世纪获得发展。英格兰破产法仅允许债权人申请债务人破产，而不允许债务人主动申请破产。那时，无力支付债务的债务人可能被送进监狱。

美国破产法属于联邦法范畴，以破产程序为核心，沿袭英国破产法，分别在1800年和1841年颁布，但都在实施后不久被废止。因此在19世纪中期以前，美国根本不存在有影响力的联邦性的破产法，各州也都是一些关于无力清偿债务、延缓执行或免税方面的法律，几乎没有关于企业破产的法律。1867年，美国国会通过了第三部联邦破产法，该法允许两种形式的破产，即"自愿的"和"非自愿的"破产。由于该法对企业比较严苛，因而遭到反对，最终也于1878年被废止。

我国于1906年颁布的《破产律》，是我国第一部成文破产法的雏形。而真正意义上的破产法是在计划经济体制向市场经济体制的过渡中，随着企业法人制度的逐步确立和完善而建立的。因为破产法是商法的重要组成部分，既是商品经济发展到一定阶段的产物，也是市场主体"有路可退"，从而保证市场兴旺、富有生机，商业繁茂，商人基本生活有所保障的重要法律。

2007年6月1日起施行的《中华人民共和国企业破产法》（以下简称《企业破产法》）为现行有效的破产法律，也是目前法官、律师等法律专业人员处理破产法相关问题的基础法律依据。现行破产法共计十二章、136条，对破产案件的程序、实体等问题作出了基本规定。与之配套的主要司法解释包括2011年公布的《最高人民法院关于适用〈中华人民共和国企业破产法〉若干问题的规定（一）》、2013年公布的《最高人民法院关于适用〈中华人民共和国企业破产法〉若干问题的规定（二）》（2020年修正）以及2019年公布的《最高人民法院关于适用〈中华人民共和国企业破产法〉若干问题的规定（三）》（2020年修正），此外，2002年发布的《最高人民法院关于审理企业破产案件若干问题的规定》虽基于1986年《企业破产法》而来，但并未明文废止，行业内及实践中普遍认为其中未与新法相冲突的内容仍然继续适用。

此外，在法律实施过程中，最高人民法院就部分具体问题单独发布了相应的司法解释，如《最高人民法院关于个人独资企业清算是否可以参照适用企业破产法规定的破产清算程序的批复》、《最高人民法院关于审理企业破产案件指定管理人的规定》、《最高人民法院关于破产企业国有划拨土地使用权应否列入破产财产等问题的批复》（2020年修正）等，这些司法解释也是实践中相当重要的法律依据。

2017年12月25日，最高人民法院在广东省深圳市召开了全国法院破产审判工作会议，根据会议达成的共识，2018年最高人民法院发布《全国法院破产审判工作会议纪要》。该纪要对破产审判的总体要求、专业化建设、管理人制度的完善、破产重整、清算、关联企业破产等破产实践中普遍存在的、《企业破产法》规定尚不完善的内容作出了或原则或具体的指引规定，为法院破产审判工作及破产管理人履职工作实践提供了有力的司法保障。

2015年，我国进入经济发展新常态，随着供给侧结构性改革的不断推进、深化，《企业破产法》受到高度重视，在"僵尸企业"清理和困境企业重整中发挥了核心作用，破产案件的数量也逐年攀升，各地纷纷成立破产专门法庭和破产管理人协会等，为破产业务专业化提供了良好的发展环境。

二、企业破产及其法律风险

（一）企业破产的内涵和性质

与破产内涵的双重性有所不同，企业破产是一个法律概念和企业行为。企业破产是指企业在生产经营过程中由于经营管理不善，当负债达到或超过所占有的全部资产，不能清偿到期债务，资不抵债的企业行为。从法律层面看，这里的"到期债务"是指已经到了必须还债的期限，"清偿"是指全部偿还，"不能"清偿是指没有按期清偿的可能性。企业破产是指公司的经营情况同时满足不能清偿到期债务且资产不足以清偿全部债务，或者明显缺乏清偿能力的条件，就可以向人民法院提出破产申请，法院宣告破产后，公司进入破产清算程序。

从性质上看，企业破产是对特定企业债权债务关系的法律消除。债权债务关系是人类社会最久远、最基础、最活跃的一对经济关系。"借债—还贷"模式，不论是在"私力救济"还是在公权（法庭）干预下，其形式都是丰富多样的。当多个债权人对一个债务人有借贷时，债权人之间时时会对还贷的数额、方式、时间发生分歧。有的债权人会对债务人还贷的前景抱有希望，有的债权人对债务人不能还债的原因有不同的解释，因此，债权人对于债务人不能清偿到期债务应采取何种清算手段会有不同意见；当公权（法庭）介入时也会考虑债务人不能到期还债带来的公共利益、公共资源损失，因此对债务人进行拯救或者重组的方式就成为与清算相对应的选择方式之一。上述这种"借债—还贷"模式逐渐演变为今天称之为"破产法"的有关规则。

尽管词源学意义上的"破产"或许还存在一定差异，但我国司法实践中的"破产"仅仅指的是债务人不能清偿到期债务这样一种事实状态，而在现实社会中，通常对于这种事实状态有不同的处理方式。大体上说，债务人破产的处理方式可以分为法庭外和法庭内两种。法庭外的方式是债权人与债务人遵循当事人的意思自治原则的妥协、谈判、让步达成偿债、清算、延迟或豁免债务等协议，而法庭内的方式则往往对债务人破产这种事实采取清算或重整的程序（少数国家还保留和解程序）。

综上，可以给现代企业破产法下一个定义：破产法指当企业债务人不能或者有可能不能清偿到期债务时、在司法程序的框架下、在债权人之间公平清偿债务或者重组债务的一个文明的、有秩序的、追求效率的商业安排。

(二) 企业破产的价值和意义

从企业破产的法律意义上看，对债权债务关系处理方式的选择越来越理性化和文明化，一旦涉及利益冲突或债权人之间对利益分配产生纠纷，他们更多的是选择法律机制来定分止争。同时，随着现代商业社会资本流动性的加速，在债务人不能清偿到期债务时，债权人与债务人越来越倾向于选择破产法这样的集体清偿机制来文明而不失强制地"摆平"各方利益，同时，为最大程度地保护破产中各方的商业利益，对破产法的效率要求也越来越高。

应该肯定地说，破产法是债法的特别法。在经济社会中，信用已经成为交易中不可或缺的工具，而债权的平等性又使信用制度有滥用的危险，即任何债务人均有可能以其信用而利用超过其自身财产的他人财产，如果债务人经营管理不善，便不能以其财产清偿全部债务。在此情况下，传统民法对债权人救济手段的不足就暴露出来了，即当债务人的财产不足以清偿全部债务时，首先寻求清偿的债权人可能会得到全额履行，而之后的债权人可能会完全得不到清偿。而且，当债务人资力不良时，也极有可能对债权人进行有选择的清偿。债权的平等性亦不能阻止此类情形的发生，故人们一直在寻求在此情形下对债权人的公平救济，也正是基于这种理念，破产法应运而生。

具体而言，企业破产的法律价值在于四个方面。

1. 公平保护债权人利益

公平是破产法的第一理念。这种理念体现在以下两个方面：

（1）所有债权在破产程序开始时，视为到期。按照民法的一般规则，债权尚未到期，债务人不负履行的义务，债权人无权请求。如果这一规则运用到破产法上，就会使债权未到期的债权人不能参加分配而等其债权到期，债务人已无任何财产可以清偿。这样，对许多债权人极为不公。

（2）所有债权按顺序和比例接受分配。首先，表现为破产法按照实体法或破产法的规定将所有债权区分顺序而为清偿，原则上，对在实体上具有同一性质的债权人平等对待,而对不同性质的债权人根据其差异来对待的做法是符合公平理念的;其次,当破产财产对同一顺序的债权人不足以清偿时,按比例清偿。

2. 弥补传统民事救济手段的不足

按照传统的民事救济手段,各债权人为个别诉讼,对于取得执行名义的债权可对债务人的财产为强制执行。这样会出现一种极不平等的现象:当债务人的财产不足以清偿全部债务时,先为诉讼而取得判决的债权人可能会得到全额清偿,而诉讼在后或没有诉讼的债权人可能会分文不得。另外一个客观效果是,一个债务人的经济状况不佳,各债权人就会纷纷诉讼,以获得先位执行。

3. 给予债务人以重新开始的机会

传统破产以保护债权人为要而对破产人实行惩戒主义,破产程序的目的仅仅是使各债权人获得公平清偿,但债务人在破产后并不能获得免除债务的优惠。这样,就使得债务人没有申请破产的积极性和原动力,其结果是即使出现了破产原因,债务人仍不申请破产,而使得财产继续减少,而最终对债权人不利。现代破产法既体现了对债权人的保护,也体现了对债务人的保护,其最大的特点是对于符合法定条件的诚实的债务人进行免责,以使其摆脱债务,东山再起。

4. 及时切断债务膨胀,保障经济秩序的良好运行

现代交易是一个相互联系的锁链,各交易主体均是这条锁链上的一环,一个主体破产,往往会影响其他主体,从而引起连环破产。所以,对于不能清偿到期债务的债务人及时宣告破产,以防止其与更多的主体发生交易,切断其债务的膨胀,有利于保护经济秩序的良性运行。

(三)企业破产的法律风险

企业破产作为资本社会的一种社会现象,被认为是市场经济中不可避免的存在。企业破产的发生,不仅会给企业自身带来巨大的损失,而且会给周围的经济环境构成极大的影响。因此,识别和控制企业破产的风险,

既是经济发展中的一项重要任务,也是社会治理中的一项重要工作。

一般而言,企业破产的风险主要包括政策风险、市场风险、财务风险、技术风险、管理风险和合规风险等方面。

政策风险是指企业运营和发展受到政府政策的影响,如政府政策的变化、政策制定的不合理、政策实施的不规范等,会造成企业的经营损失,从而使企业陷入破产的困境。

市场风险是指企业受到市场环境变化的影响,如消费者偏好、竞争者的出现、市场价格变化等,会对企业的经营产生重大影响,从而使企业陷入破产的困境。

财务风险是指企业财务管理的风险,比如财务报表的不实、财务管理的不严格等,会对企业的经营产生重大影响,从而使企业陷入破产的困境。

技术风险是指企业受技术发展的影响,如技术的变化、技术的开发、技术的创新等,会对企业的经营产生重大影响,从而使企业陷入破产的困境。

管理风险是指企业管理组织的风险,比如管理制度的不完善、管理者的能力不足等,会对企业的经营产生重大影响,从而使企业陷入破产的困境。

合规风险是指企业在参与市场经济活动时存在的风险,如不遵守市场经济规则、违反法律法规等,都会对企业的经营产生重大影响,从而使企业陷入破产的困境。

相较之下,企业破产中的法律风险则是特殊的企业行为风险,也是发生在企业破产清算程序中的风险。根据破产启动和过程中的操作实际,企业破产中的法律风险大致有以下几点。

1. 启动破产程序的法律风险

企业破产程序的启动意味着企业可能通过破产清算程序退出市场或者通过破产和解、重整程序进行挽救予以存续。不同于普通的诉讼程序,破产程序一旦启动,非法定事由不可逆转。

根据《企业破产法》规定,下列三种情形,法院同意受理后,可启动破产程序:第一,企业不能清偿到期债务而被债权人向法院申请企业破产的;第二,企业因资不抵债而主动向法院申请破产的;第三,企业法人已解散但未清算或者未清算完毕,资产不足以清偿债务的,依法负有清算责任的人向法院申请破产清算的。如果向法院提交破产申请,法院不同意受

理或驳回申请的,可向上一级法院上诉。破产程序一旦启动,将产生如下法律后果,需要慎重启动:

(1)未履行完毕的合同,管理人有权决定解除或继续履行。管理人对破产申请受理前成立而双方均未履行完毕的合同,有权决定解除或者继续履行,并通知对方当事人。管理人自破产申请受理之日起两个月内未通知对方当事人,或者自收到对方当事人催告之日起三十日内未答复的,视为解除合同。管理人决定继续履行合同的,对方当事人应当履行;但是,对方当事人有权要求管理人提供担保。管理人不提供担保的,视为解除合同。

(2)财产保全措施被解除。未结案件被中止进入破产程序后,有关破产企业的财产保全措施应当解除,执行程序应当中止;未审结的民事诉讼或者仲裁应当中止;在管理人接管财产后,该诉讼或者仲裁继续进行。

2. 公司董事、监事、高级管理人员的忠实勤勉履职风险

董事、监事、经理等高级管理人员是公司的操纵者,是公司日常的经营管理者。公司董事、监事、高级管理人员不得违反忠实义务、勤勉义务,是公司法的明确要求。高级管理人员主要包括公司的经理、副经理、财务负责人,上市公司董事会秘书和公司章程规定的其他人员。公司的高级管理人员应对公司负有忠实义务和勤勉义务。

2023年12月29日新修订的《中华人民共和国公司法》(简称《公司法》)第一百七十九条至第一百八十条规定,董事、监事、高级管理人员应当遵守法律、行政法规和公司章程;董事、监事、高级管理人员对公司负有忠实义务,应当采取措施避免自身利益与公司利益冲突,不得利用职权牟取不正当利益;董事、监事、高级管理人员对公司负有勤勉义务,执行职务应当为公司的最大利益尽到管理者通常应有的合理注意。同时,该法第一百八十一条规定,董事、监事、高级管理人员不得有下列行为:(一)侵占公司财产、挪用公司资金;(二)将公司资金以其个人名义或者以其他个人名义开立账户存储;(三)利用职权贿赂或者收受其他非法收入;(四)接受他人与公司交易的佣金归为己有;(五)擅自披露公司秘密;(六)违反对公司忠实义务的其他行为。董事、监事、高级管理人员违反前款规定所得的收入应当归公司所有。

在企业破产中,如因董事、监事、高级管理人员违反忠实义务、勤勉

义务致使所在企业破产的，应当按照《企业破产法》第一百二十五条规定承担相应民事责任，并自破产程序终结之日起三年内不得担任任何企业的董事、监事、高级管理人员。

3. 破产过程中有关人员的协助风险

根据《企业破产法》第十五条的规定，破产中债务人的有关人员负有妥善保管财产以及资料的义务，回答询问的义务。具体来说，自人民法院受理破产申请的裁定送达债务人之日起至破产程序终结之日，债务人的有关人员承担下列义务：（一）妥善保管其占有和管理的财产、印章和账簿、文书等资料；（二）根据人民法院、管理人的要求进行工作，并如实回答询问；（三）列席债权人会议并如实回答债权人的询问；（四）未经人民法院许可，不得离开住所地；（五）不得新任其他企业的董事、监事、高级管理人员。这里所称有关人员，是指企业的法定代表人，经人民法院决定，可以包括企业的财务管理人员和其他经营管理人员。

《最高人民法院关于债权人对人员下落不明或者财产状况不清的债务人申请破产清算案件如何处理的批复》（法释〔2008〕10号）中规定了债务人相关人员行为导致无法清算或者造成损失，有关权利人可以请求其承担相应民事责任。最高人民法院民事审判第二庭在其编著的《〈全国法院民商事审判工作会议纪要〉理解与适用》中表明，《全国法院民商事审判工作会议纪要》（以下简称《九民纪要》）第 118 条规定的责任与《最高人民法院关于债权人对人员下落不明或者财产状况不清的债务人申请破产清算案件如何处理的批复》中规定的债务人有关人员承担的民事责任，在性质上应当属于侵权责任，故以债权人的损失及其范围与相关主体行为之间存在因果关系为必要前提。因此，在破产程序中追究有关人员不配合清算责任，应当符合侵权责任的一般成立要件：一是行为人属于清算义务人且有违法之行为；二是行为人存在过错；三是受害人有损害事实；四是违法行为与损害之间有因果关系。

4. 移交财产、印章、账簿、文书等破产资料的风险

在企业破产清算程序中，破产企业及相关负责人按照要求移交财产、印章、账簿、文书等破产资料是破产相关工作开展的前提和基础，更是债权申报核对、召开债权人会议和清算的重要依据。因此，没有按法律规定

移交相关破产资料，会引发民事、行政甚至刑事风险。

从民事责任看，实践中较为常见的不配合清算情形，主要是在收到接管通知要求向管理人移交公司财产及相关资料后，相关人员不予回复，或虽与管理人联系但以各种理由拖延移交、不完全移交等。深圳中院在"深圳市某电子技术有限公司许某如等股东损害债权人纠纷案"①中对不配合清算行为有较为清晰的描述，即破产程序中，管理人通过邮件、公告等方式告知法定代表人、经营管理人员其清算责任并要求其配合清算，公司法定代表人、经营管理人员理应主动向管理人提交财务账册、重要文件等，但清算义务人未与管理人办理接管事宜，没有履行配合清算义务。对此，有关司法解释规定，怠于申请清算或不配合清算的相关人员应对其侵权行为承担损害赔偿责任，而非连带清偿责任。《九民纪要》发布后，大多数法院依照其规定进行判决，认定怠于履行申请清算义务或不配合清算的相关人员应对其侵权范围承担赔偿责任，如"瑞安市某包装印刷有限公司管理人、林某星、王某敏股东损害公司债权人利益责任纠纷案"②、"深圳市某电子有限公司、深圳市某科技有限公司等损害公司利益责任纠纷案"③。

从行政责任看，如果配合清算义务人不按照规定向管理人移交财产、印章和账簿、文书等资料，法院依据《最高人民法院关于推进破产案件依法高效审理的意见》第8条第一款规定可采取搜查、强制交付等措施进行强制接管。除此之外，清算义务人拒不依照法律规定配合管理人开展工作的，法院可根据《企业破产法》第一百二十六条、第一百二十七条，《九民纪要》第118条第三款规定对相关人员采取罚款、拘传、拘留、限制出境等行政措施。

从刑事责任看，根据《企业破产法》第一百三十一条规定，清算义务人不履行配合义务，情形严重，达到定罪量刑标准的，应依法追究企业、

---

① 参见"深圳市某电气技术有限公司、许某如等股东损害公司债权人利益责任纠纷案"，广东省深圳市中级人民法院（2020）粤03民终27005号民事判决书。

② 参见"瑞安市某包装印刷有限公司管理人、林某星、王某敏股东损害公司债权人利益责任纠纷案"，浙江省瑞安市人民法院（2020）浙0381民初3441号民事判决书。

③ 参见"深圳市某电子有限公司、深圳市某科技有限公司等损害公司利益责任纠纷案"，广东省深圳市中级人民法院（2021）粤03民初1067号民事判决书。

相关责任人的刑事责任。《中华人民共和国刑法》(以下简称《刑法》)第一百六十二条规定:"公司、企业进行清算时,隐匿财产,对资产负债表或者财产清单作虚伪记载或者在未清偿债务前分配公司、企业财产,严重损害债权人或者其他人利益的,对其直接负责的主管人员和其他直接责任人员,处五年以下有期徒刑或者拘役,并处或者单处二万元以上二十万元以下罚金。隐匿或者故意销毁依法应当保存的会计凭证、会计账簿、财务会计报告,情节严重的,处五年以下有期徒刑或者拘役,并处或者单处二万元以上二十万元以下罚金。单位犯前款罪的,对单位判处罚金,并对其直接负责的主管人员和其他直接责任人员,依照前款的规定处罚。"

第二章 企业破产中的民事风险及其规制

一、企业破产中的民事风险概述

风险（RISK）一词是舶来品，有人认为来自阿拉伯语，有人认为来源于西班牙语或拉丁语，目前比较权威的说法是来源于意大利语"RISQUE"一词。在早期的运用中，往往被理解为客观的危险，体现为自然现象或者航海遇到礁石、风暴等事件。现代意义上的"风险"一词，已经大大超越了"遇到危险"的狭义含义，而是"遇到破坏或损失的机会或危险"。

经过两百多年的演变，"风险"一词越来越被概念化，并随着人类活动的复杂性和深刻性而逐步深化，并被赋予了哲学、经济学、社会学、统计学甚至文化艺术领域的更广泛、更深层次的含义，且与人类的决策和行为后果联系越来越紧密，"风险"一词也成为人们生活中出现频率很高的词。无论如何定义"风险"一词的由来，其基本的核心含义是"未来结果的不确定性或损失"，也有人进一步定义为"个人和群体在未来遇到伤害的可能性以及对这种可能性的判断与认知"。

法律风险作为一个日常用语，其具体内涵没有一个统一的答案，学界也没做出一个标准的界定。《巴塞尔新资本协议》认为，法律风险主要是因为违反民事法律而支付损失的风险敞口，是一种特殊的操作风险。"法律风险"一词在我国官方文件《贷款风险分类操作说明》中首次出现，但未被定义。之后，这一词语多次出现在我国金融领域的法律文件中。2006年6月颁布的《中央企业全面风险管理指引》中也提出法律风险，但依旧未对其进行官方解释。2012年2月1日，国家标准化管理委员会颁布《企业法律风险管理指南》（GB/T 27914—2011），虽然目前该指南已废止，但对企业法律风险做出了明确定义，它是指基于法律规定、监管要求或合同约定，由于企业外部环境及其变化，或企业及其利益相关者的作为或不作为，对企业目标产生的影响。不过，这个概念仅仅是站在"企业"这个法律风险主体的角度对法律风险进行界定，并没有从一般主体角度对法律风险概念进行有效的定义，因此严格意义上说，并不是对法律风险的完整界定。

国内法律风险管理领域专家吴江水则认为，法律风险是指在特定的法律风险体系管辖范围内，当作为或不作为行为违背禁止性、允许性和授权性的法律法规，从而对其不利后果承担责任的可能性。法理学上，一般认为法律风险是指在法律实施过程中，行为人的具体行为导致与获利背离的法律后果发生的可能性，即违法行为可能引发的刑事责任、行政责任、民事责任。

（一）法律风险分类

现代社会中，法律风险已成为一个不可避免的问题，不管是个人、企业还是组织，都需要在业务和生活中面对各种法律风险，这些风险可能来自内部也可能来自外部。围绕着法律风险的主体、行为和环境三大要素，法律风险存在着不同的分类方式。通常意义上看，法律风险可以分为刑事责任风险、行政责任风险、民事责任风险和比较特殊的单方面的权益丧失风险。

1. 刑事责任风险

刑事责任，是指犯罪人因实施犯罪行为应当承担的法律责任，按刑事法律的规定追究其法律责任。按现行 2020 年修正的《刑法》第三十三条、第三十四条关于刑罚种类的规定，主刑分为管制、拘役、有期徒刑、无期徒刑和死刑，附加刑分为罚金、剥夺政治权利和没收财产。如果犯罪的是外国人，还可以独立或附加适用驱逐出境。

法律规范体系中大量存在着公权力对于社会秩序和社会行为的调整，主要归为刑事责任、行政责任两大类，其中刑事处罚是最为严厉的公权处罚。情节较重的违法行为一般列入刑事处罚的范围，情节较轻者则纳入行政处罚的范围。

刑事法律规范涉及国家安全、公共安全、公民的人身及民主权利、合法的财产权等诸多方面。从不断制定的刑法修正案可以看出，刑法也在根据形势的变化不断地调整刑事犯罪的内涵与外延，从而为经济、社会的健康发展提供基本秩序方面的保障。

刑事处罚的对象不仅包括自然人，还包括单位，即法人或非法人组织。单位可以构成单位犯罪并被追究刑事责任，一旦构成犯罪，便对单位判处罚金、对其直接负责的主管人员和其他直接责任人员判处刑罚。如果刑法分则和其他法律对单位犯罪另有规定，则依照具体规定进行处罚。

从实际情况看，如果对企业起决定作用的人员受到刑事处罚，或是单位及重要管理人员同时受到刑事处罚，则企业的正常运营会受到沉重打击，当单位犯罪行为与其主营业务有着密切关系时尤其如此。

2. 行政责任风险

行政责任，是指犯有一般违法行为的单位或个人，依照法律法规的规定应承担的法律责任。行政责任主要有行政处罚和行政处分两种方式。其中，行政处罚是指行政机关或其他行政主体依法定职权和程序对违反行政法规尚未构成犯罪的相对人给予行政制裁的具体行政行为。

对于行政处罚，现行2021年修订的《中华人民共和国行政处罚法》（以下简称《行政处罚法》）第九条规定："行政处罚的种类：（一）警告、通报批评；（二）罚款、没收违法所得、没收非法财物；（三）暂扣许可证件、降低资质等级、吊销许可证件；（四）限制开展生产经营活动、责令停产停业、责令关闭、限制从业；（五）行政拘留；（六）法律、行政法规规定的其他行政处罚。"

行政处分是行政主体基于隶属关系而对其存在违法、过失等行为的工作人员进行的制裁，相关立法主要针对国家公务人员。2018年修订的《中华人民共和国公务员法》第六十二条规定："处分分为：警告、记过、记大过、降级、撤职、开除。"而该法第二条第一款规定："本法所称公务员，是指依法履行公职、纳入国家行政编制、由国家财政负担工资福利的工作人员。"因此，公务员并不仅限于国家机关工作人员，还包括事业单位、国有企业等机构工作人员。企业的行政责任风险远高于刑事责任风险，因为企业经营中所涉及的法律、行政法规、部门规章、地方性法规、地方政府规章可谓"多如牛毛"，稍不留意就可能因违反这些规定而受到行政处罚。特别是企业在经营过程中处理非经常性事务或新业务时，往往会由于不熟悉相关法律规定而面临行政处罚。

由于行政处罚包括取消经营资格等措施，所以行政处罚风险同刑事责任风险一样可能会成为企业的"致命"风险。在某些极端情况下，如果企业的行为严重触犯禁止性法律，行政处罚不仅可以与刑事处罚一并实施，也可以单独实施，直接取消行为主体的经营资格。即使未取消经营资格或许可，在某些严厉的行政处罚下，企业继续存续下去的必要性和可能性也会大大降低，进而会影响企业的正常发展。

3. 民事责任风险

民事责任，是指民事主体在民事活动中，因其作为或不作为违反了相关法律规定或合法有效的合同中的相关约定，而需要依法承担的违约、侵权等对其不利的法律责任。2021年《中华人民共和国民法典》（以下简称《民法典》）第一百七十九条规定："承担民事责任的方式主要有：（一）停止侵害；（二）排除妨碍；（三）消除危险；（四）返还财产；（五）恢复原状；（六）修理、重作、更换；（七）继续履行；（八）赔偿损失；（九）支付违约金；（十）消除影响、恢复名誉；（十一）赔礼道歉。法律规定惩罚性赔偿的，依照其规定。"

民事责任风险是最为常见的法律风险，主要包括违约、侵权两类。由于它并不涉及对人身自由权的限制或剥夺，承担民事责任比承担刑事责任处罚相对"温和"。但即使是这种"温和"的责任，也同样会由于超过了企业能够承受的限度，或由于其产生的连锁反应而断送一个企业的前途。

例如，某些起步阶段的企业，由于超出其履行能力签订合同，在冒险失败后面临巨额的经济赔偿，甚至导致破产。又如，某些企业的产品由于侵犯知识产权，赔偿额度超过其承受限度，也只能关门了事。

某些情况下，民事法律风险中的连锁反应会比民事责任本身更有破坏力。某些民事责任不仅令用户最终失去信心，还令供应商失去长期合作的信心，从而加剧企业的困难。如果此时包括银行在内的债权人同时主张债权，则这类企业很难摆脱破产的命运。

如果说违约法律风险是基于双方的约定，民事侵权责任的法律风险则是基于法定。以前，我国的民事赔偿制度一直未能摆脱"填平主义"的思路，使得总体的赔偿只能围绕另一方的损失进行。但随着新法和新的审判理论的出现，惩罚性的赔偿有逐渐增多的趋势，有望更好地发挥规范社会行为的作用。

4. 权益丧失风险

前述刑事、行政、民事三大类型的法律风险是基于违法或违约的相关法律规定来确定责任，或由利益受损方主张权益，或由国家机关行使权力。但作为一种例外，法律风险主体可以在没有任何一方提出主张的情况下由于自身的原因而丧失合法权益，即单方权益丧失，简称"权益丧失"。

这类情况的发生并无其他方受损，也无其他方提出权利主张，事实上却经常发生，俗称"权利未能用足"。究其原因，可以是企业的法律知识不足、工作经验不足、工作疏忽或失误等，其结果是由于其自身原因造成代价的增加或权益的减少等不利情况。

以民事法律体系为例，由于实体法和程序法中规定了大量行使权益的期限和形式，若不注重或不能熟练运用这些细节，就非常容易因时效等问题导致合法权益的丧失。事实上，这类权益丧失风险事实上大量存在，造成严重后果的情况也并不鲜见。

例如，某合资企业在经营多年后发现其有资格享受税收优惠政策，但由于早已超过了申请期限，主张权利的各种努力无果而终。

从总体上看，虽然法律风险可以有不同的种类划分方式，但是许多划分方式存在着风险种类在内涵、外延上的重叠或界限不清等问题。

依据风险后果将法律风险分为刑事风险、民事风险、行政风险三类，并将由于其自身原因造成的权益丧失作为例外的第四类，体系更简单、清晰。限于篇幅，本章仅对企业破产中的民事法律风险进行研究。

（二）企业破产中的民事风险

破产风险，是指经济主体的资产不足以偿还其负债所带来的风险。所谓破产，在法律意义上是指债务人丧失清偿能力时，在法院监督下强制清算其全部财产，清偿全体债权人的法律制度。因此，破产风险是企业民事风险的重要方面，是其他风险的综合结果。

企业破产中的民事风险，从时间上看不仅仅发生在企业破产受理后，对企业破产受理前、受理破产后到宣告破产前、终结破产程序后各阶段均有长远的影响。从企业破产程序中所涉及的主体看，主要包括破产企业债权人的民事风险、破产企业自身的民事风险、破产管理人的民事风险。

近年来，越来越多的企业被人民法院裁定进入破产程序。由于前期破产案件不常见，各方在面对濒临破产企业时往往未能采取最佳的应对措施，致使企业破产后风险频频发生。笔者结合自身破产管理经验，从债权人、债务人两个不同角度出发，就面对破产企业的法律风险防范进行梳理和探讨。

1. 从债权人角度出发

根据《企业破产法》规定"普通破产债权清偿顺序在后"，普通债权人通常面临部分清偿、部分损失的状况。同时，现有法律还设立了所有权保留、物权担保、在途标的物取回和债务抵消等制度，可以使个别债权人获得优先清偿免受损失。因此，当债权人发现对濒临破产或者破产企业形成债权后，应当及时进行梳理，避免优先类权利灭失。

（1）所有权保留制度。

《民法典》第六百四十一条等条款规定了所有权保留制度，在移转财产所有权的商品交易中当事人可以约定，财产所有人移转标的物的占有后于对方当事人仍保留其对该财产的所有权，待完成特定条件，所有权才发生移转。《企业破产法》第三十八条规定，人民法院受理破产申请后，债务人占有的不属于债务人的财产，该财产的权利人可以通过管理人取回。

因此，当面临濒临破产企业又必须交易且为卖方时，债权人可以在合同中增加所有权保留条款，避免破产损失。

（2）物权担保制度。

《民法典》第三百八十六条、第三百八十七条、第三百九十四条、第四百二十五条、第四百四十七条等条款规定了物权担保制度，担保物权人就债务人不履行到期债务或者发生当事人约定的实现担保物权的情形，依法享有就担保财产优先受偿的权利。

《企业破产法》第一百零九条规定，对破产人的特定财产享有担保权的权利人，对该特定财产享有优先受偿的权利。

因此，当面临濒临破产企业又必须交易时，债权人应力争在债权基础上设立担保物权。在债务人破产后，债权人除及时梳理抵押物权和质权外，还应注意是否有权留置债务人财产。

（3）其他制度。

一是在途标的物取回制度。《企业破产法》第三十九条规定，人民法院受理破产申请时，出卖人已将买卖标的物向作为买受人的债务人发运，债务人尚未收到且未付清全部价款的，出卖人可以取回在运途中的标的物。

二是债务抵消制度。《企业破产法》第四十条规定，债权人在破产申请受理前对债务人负有债务的，可以向管理人主张抵销。

2. 从债务人角度出发

（1）企业破产中债务人的民事法律义务。

根据《企业破产法》规定，破产法是企业退出法、企业再生法，涉及债权人、债务人、股东等各方主体利益。因此从企业陷入经营困境到进入破产程序，各方主体要依法审慎行使权利，妥善保护自身权益。

第一，审慎启动破产程序。企业破产程序的启动意味着企业可能通过破产清算程序退出市场或者通过破产和解、重整程序进行挽救予以存续，不同于普通的诉讼程序，破产程序一旦启动，非法定事由不可逆转。根据法律规定，在人民法院受理破产申请前，申请人可以请求撤回申请，在人民法院受理破产申请后，除非人民法院经审查认为债务人不符合破产条件裁定驳回破产申请，申请人申请撤回破产申请，不予准许。因此，对于破产程序的启动应当慎之又慎。

第二，公司董事、监事、高级管理人员应忠实勤勉履职。公司董事、监事、高级管理人员违反忠实义务、勤勉义务，致使所在企业破产的，应当按照《企业破产法》第一百二十五条规定承担相应民事责任，且自破产程序终结之日起三年内不得担任任何企业的董事、监事、高级管理人员。

第三，破产企业有关人员应依法协助破产。破产企业法定代表人、财务管理人员和其他经营人员在企业破产期间负有认真忠实配合人民法院和管理人工作的义务，要根据人民法院传唤列席债权人会议，如实回答询问，违反该规定可能会被拘传或者处以罚款；未经人民法院许可离开住所地的，可能会受到训诫、拘留、罚款等处罚。

第四，相关人员应及时全面移交财产、印章、账簿、文书等资料。破产企业的相关人员应当在收到人民法院受理破产裁定后，在人民法院指定期限内向人民法院提交真实的财产状况说明、债权债务清册、有关财务会计报告以及职工工资的支付情况和社会保险的缴纳情况，向管理人移交财产、印章、账簿、文书等资料，拒不提交或者提交不真实资料，伪造、销毁有关财产证据材料而使财产状况不明的，人民法院可以对直接责任人员依法处以罚款。

第五，虚假破产的法律后果。债务人申请破产的，人民法院经审查发现债务人隐匿、转移财产逃避债务的，应裁定不予受理；人民法院受理破产申请后发现债务人隐匿、转移财产逃避债务的，或发现债务人巨额财产下落不明且不能合理解释财产去向的，可以裁定驳回破产申请，也可以由管理人及时行使权利追回债务人财产，并依法追究债务人股东、实际控制人或相关人员侵犯公司财产权益的赔偿责任，追回的财产属于债务人财产；情节严重的，可能会被追究刑事责任。

第六，企业危困情况下财产处置行为受限。在企业陷入经营困境时，债务人相关人员应当最大限度确保企业财产保值增值，严禁不当减损企业财产的行为发生。根据《企业破产法》第三十一条规定，在人民法院受理破产申请前一年内，债务人无偿转让财产、以明显不合理的价格进行交易、对没有财产担保的债务提供财产担保、对未到期的债务提前清偿或者放弃债权，损害债权人利益的，管理人或债权人均有权请求人民法院予以撤销，并要求债务人的法定代表人和其他直接责任人员承担赔偿损失的责任。因此，无论是危困企业处置财产，还是与危困企业发生交易往来，均要依法合规进行，避免造成不必要的损失。

第七，个别清偿行为无效。在企业陷入经营困境并挽救无果时，为了确保债权人公平受偿，不得对个别债权人进行清偿。根据《企业破产法》第三十二条规定，对债务人在人民法院破产申请受理前六个月内向个别债权人的清偿行为，除非该清偿行为使债务人财产受益，否则管理人有权请求人民法院予以撤销并追回财产。该行为使债权人权益受损的，债务人的法定代表人和其他直接责任人员应依法承担赔偿损失的责任。

第八，债务人股东抵销权行使范围限制。债务人股东因其欠缴债务人的出资或者抽逃出资对债务人所负债务与债务人对其所负债务主张抵销的，不予支持。因为股东对公司的出资形成的是公司用于其独立经营并独立对外承担责任的财产，根据公司资本充实的基本原则，股东应当足额缴纳所认缴的出资，如允许股东将其本应按比例清偿的破产债权与欠缴的出资抵销,实际上是允许股东不足额出资,不仅违反资本充实原则,也会损害全体债权人利益。同时,债务人股东滥用股东权利或者关联关系损害公司利益对债务人所负的债务,也属于禁止抵销的范畴。

第九,审慎行使债权核查权。破产程序启动后,根据《企业破产法》的相关规定,债权审查的主体是管理人,债权核查的主体是债权人会议,债权确认的主体是人民法院。人民法院对于经管理人审查、债权人会议核查无异议的债权,依法予以裁定确认。通常情况下,人民法院对经债权人会议核查无异议的债权并不进行实质审查。因此,作为债权人,为了最大限度维护自身合法权益,应当依法审慎核查提交债权人会议的债权表,对有异议的债权,在人民法院指定期限内向管理人提出异议或者向人民法院提起诉讼,逾期将丧失相应权利。

第十,破产程序中担保企业的法律风险。破产案件受理后,债权人基于权益保护需要会及时向担保人主张权利,担保人可以主张担保债务自人民法院受理破产申请之日起停止计息;担保人对债权人在破产程序中未获清偿的债权予以清偿后,只能在破产程序中申报债权予以救济,并不能向重整后的企业进行追偿。因此,作为担保企业应当结合自身经营状况及时与债权人协商还款事宜及债权申报事宜,尽可能减少因提供担保给自身经营造成的风险。

第十一,关联企业实质合并破产的法律风险。破产审判实践中,由于部分关联企业经营不规范,在法人人格、经营管理、财务管理、资金调用等方面存在高度混同情形,导致其财产难以区分或者区分成本过高,往往会导致人民法院对核心企业及关联企业适用实质合并破产方式进行审理,实质合并破产往往导致关联企业之间的债权债务关系抵消,各关联企业对同一债务提供的担保不重复计算,因此在与具有关联关系的企业发生交易时,应当对其各关联公司之间的法人人格和财产独立性进行审慎审查,避免自身权益受损。

第十二,破产财产的强制移交。在企业进入经营困境后,部分债权人往往会基于担保或者租赁等法律关系占有企业财产,并在企业进入破产程序后甚至拍卖成功后拒不移交。为了确保破产财产顺利处置,保护全体债权人的合法权益,人民法院会根据管理人的申请,对于阻碍管理人行使取回权或者移交破产财产的行为启动司法强制措施排除妨碍，非法占有破产财产的责任人，可能会受到拘留、罚款等处罚。

（2）企业破产中企业需要注意的问题及影响。

① 启动破产程序要注意哪些问题？

企业破产程序的启动意味着企业可能通过破产清算程序退出市场或者通过破产和解、重整程序进行挽救予以存续，不同于普通的诉讼程序，破产程序一旦启动，非法定事由不可逆转。根据法律规定，在人民法院受理破产申请前，申请人可以请求撤回申请，在人民法院受理破产申请后，除非人民法院经审查认为债务人不符合破产条件裁定驳回破产申请，申请人申请撤回破产申请，不予准许。因此，对于破产程序的启动应当慎之又慎。

② 相关人员不配合列席债权人会议会有哪些后果？

破产企业法定代表人、财务管理人员和其他经营人员在企业破产期间负有认真忠实配合人民法院和管理人工作的义务，要根据人民法院传唤列席债权人会议，如实回答询问，违反该规定可能会被拘传或者处以罚款；未经人民法院许可离开住所地的，可能会受到训诫、拘留、罚款等处罚。

③ 相关人员不配合破产财产清理会有哪些后果？

破产企业的相关人员应当在收到人民法院受理破产裁定后，在人民法院指定期限内向人民法院提交真实的财产状况说明、债权债务清册、有关财务会计报告以及职工工资的支付情况和社会保险的缴纳情况，向管理人移交财产、印章和账簿、文书等资料，拒不提交或者提交不真实资料，伪造、销毁有关财产证据材料而使财产状况不明的，人民法院可以对直接责任人员依法处以罚款。

④ 破产程序中担保企业有哪些风险？

破产案件受理后，债权人基于权益保护需要及时向担保人主张权利，担保人可以主张担保债务自人民法院受理破产申请之日起停止计息；担保人对债权人在破产程序中未获清偿的债权予以清偿后，只能在破产程序中申报债权予以救济，并不能向重整后的企业进行追偿。因此，作为担保企业应当结合自身经营状况及时与债权人协商还款事宜及债权申报事宜，尽可能减少因提供担保给自身经营造成的风险。

⑤ 关联企业实质合并破产存在哪些风险？

破产审判实践中，由于部分关联企业经营不规范，在法人人格、经营管理、财务管理、资金调用等方面存在高度混同情形，导致其财产难以区分或者区分成本过高，往往会导致人民法院对核心企业及关联企业适用实质合并破产方式进行审理，实质合并破产往往导致关联企业之间的债权债务关系抵消，各关联企业对同一债务提供的担保不重复计算，因此在与具有关联关系的企业发生交易时，应当对其各关联公司之间的法人人格和财产独立性进行审慎审查，避免自身权益受损。

⑥企业危困情况下财产处置有哪些限制？

在企业陷入经营困境，债务人相关人员应当最大限度确保企业财产保值增值，严禁不当减损企业财产的行为发生。根据《企业破产法》第三十一条规定，在人民法院受理破产申请前一年内，债务人无偿转让财产、以明显不合理的价格进行交易、对没有财产担保的债务提供财产担保、对未到期的债务提前清偿或者放弃债权，损害债权人利益的，管理人或债权人均有权请求人民法院予以撤销，并要求债务人的法定代表人和其他直接责任人员承担赔偿损失的责任。因此，无论是危困企业处置财产，还是与危困企业发生交易往来，均要依法合规进行，避免造成不必要的损失。

二、企业破产中的民事风险类型

根据《企业破产法》第一条可知，企业破产法的立法宗旨是规范企业破产程序，公平清理债务债权，保护债权人和债务人的合法权益，维护社会主义市场经济秩序。由于企业破产涉及债权债务、企业资产分配等重要财产性利益，破产不仅仅意味着企业自身存在民事风险，同时债权人、管理人均负有一定的民事责任风险。管理人的民事责任风险将在本书第四章单独予以分析，本节主要分析企业破产中的债务人（债务人的管理人员等）的民事法律风险。

（一）管理人（清算组）成员的民事责任风险

据统计，中国每年有数百万家企业因各种原因而倒闭。这些企业如果是破产，则要按破产程序进行，否则必须进行清算才能注销。依照我国《公司法》的规定，有限责任公司的清算组由股东组成，股份有限公司的清算组由董事或者股东大会确定的人员组成。逾期不成立清算组进行清算的，债权人可以申请人民法院指定有关人员组成清算组进行清算。因此，公司的董事长、总经理等高级管理人员在公司解散时，很有可能成为清算组的成员。

清算组成员必须对公司和全体债权人负责，《公司法》第二百三十八条规定，清算组成员履行清算职责，负有忠实义务和勤勉义务。清算组成员怠于履行清算职责，给公司造成损失的，应当承担赔偿责任；因故意或者重大过失给债权人造成损失的，应当承担赔偿责任。

（二）未尽忠实、勤勉义务致使企业破产的民事责任风险

《企业破产法》第一百二十五条规定："企业董事、监事或者高级管理人员违反忠实义务、勤勉义务，致使所在企业破产的，依法承担民事责任。有前款规定情形的人员，自破产程序终结之日起三年内不得担任任何企业的董事、监事、高级管理人员。"因此，企业的董事长、总经理等高级管理人员应当对企业尽心尽力，忠诚、勤勉经营，杜绝损公肥私、滥用职权等不法行为，对企业的经营管理尽到合理的注意，尽量避免企业因经营不善而破产，从而防范相应的民事赔偿风险。

（三）欺诈破产的民事责任风险

欺诈破产行为是指债务人违反破产法的规定，通过隐瞒真实情况或者制造虚假情况等手段，不正当地减少其财产，或者给予个别债权人偏袒性清偿，妨害公平清偿秩序，从而严重损害债权人利益的行为，包括《企业破产法》规定的破产无效行为和可撤销行为。《企业破产法》第三十一条规定："人民法院受理破产申请前一年内，涉及债务人财产的下列行为，管理人有权请求人民法院予以撤销：（一）无偿转让财产的；（二）以明显不合理的价格进行交易的；（三）对没有财产担保的债务提供财产担保的；（四）对未到期的债务提前清偿的；（五）放弃债权的。"该法第三十二条规定："人民法院受理破产申请前六个月内，债务人有本法第二条第一款规定的情形，仍对个别债权人进行清偿的，管理人有权请求人民法院予以撤销。但是，个别清偿使债务人财产受益的除外。"该法第三十三条规定："涉及债务人财产的下列行为无效：（一）为逃避债务而隐匿、转移财产的；（二）虚构

债务或者承认不真实的债务的。"

承担欺诈破产赔偿责任的主体不是有欺诈破产行为的债务人，而是该债务人的法定代表人和对欺诈破产行为负有直接责任的人员。《企业破产法》第一百二十八条规定："债务人有本法第三十一条、第三十二条、第三十三条规定的行为，损害债权人利益的，债务人的法定代表人和其他直接责任人员依法承担赔偿责任。"因此，董事长、总经理在企业即将破产时务必要杜绝上述偏袒性清偿等可撤销的和无效的行为，避免因此损害债权人利益，防范民事赔偿风险。

（四）欺诈破产的诉讼风险

破产制度能为陷入债务危机的企业提供司法保护，但同时，企业的内部人员如股东、实际控制人、董事、监事及高级管理人员等，会因破产程序衍生出潜在的诉讼纠纷。本文从企业内部人员即股东、实际控制人及董事、监事、高级管理人员的视角简要分析，企业进入破产程序后，针对企业内部人员常见的潜在衍生诉讼。企业如考虑通过破产程序获取司法保护，可以提前规划，避免此类诉讼风险。

针对企业内部人员的破产衍生诉讼主要分为两大类：一类是围绕出资义务，如股东存在未履行出资义务或抽逃出资而引发的诉讼纠纷。如进一步展开，会涉及董事、高管、其他股东或实际控制人等对股东前述行为导致的损害是否应承担责任的纠纷；另一类是围绕损害企业/债权人利益而引起的赔偿责任纠纷，如股东或董事、监事、高级管理人员等未能及时履行破产申请或配合义务造成债权人损失或是前述人员侵占公司资产、获取非正常收入等行为而引发的诉讼纠纷。

1. 追收未缴出资纠纷的风险

根据《公司法》第二十八条规定，股东在注册资本认缴期内足额缴纳公司章程中规定的出资额即可，不必在公司设立之时缴纳全部的注册资本。然而《企业破产法》第三十五条规定，人民法院受理破产申请后，债务人的出资人尚未完全履行出资义务的，管理人应当要求该出资人缴纳所认缴的出资，而不受出资期限的限制。企业进入破产程序后，注册资本认缴的期限会加速到期，即无论认缴期限如何约定，股东在企业进入破产程序后，应缴纳全部的注册资本。

举例说明：A公司于2020年设立，注册资本为100万元，甲、乙各占50%，认缴期限为20年。甲、乙各认缴的50万元应在2040年之前向A公司缴纳。但如果A公司在2022年被裁定受理破产，则甲、乙应当在被裁定受理破产之日即向A公司缴纳全部的注册资本。破产管理人如发现企业的注册资本未全部缴纳，则会根据《企业破产法》第三十五条规定，向股东发函或者通过诉讼的方式进行追收。

常见实务问题：股东是否可以其对企业的债权主张抵销欠缴出资款？根据《最高人民法院关于适用〈中华人民共和国企业破产法〉若干问题的规定（二）》第四十六条的规定，"债务人的股东主张以下列债务与债务人对其负有的债务抵销，债务人管理人提出异议的，人民法院应予支持：（一）债务人股东因欠缴债务人的出资或者抽逃出资对债务人所负的债务；（二）债务人股东滥用股东权利或者关联关系损害公司利益对债务人所负的债务。"股东在破产受理之前对公司存在债权的，无法与该股东应缴纳的出资款相互抵消。"举例而言，股东甲为A公司提供了50万元的借款用于A公司经营，在进入破产程序后，应当向A公司认缴出资款50万元，且股东甲无法主张对A公司的50万债权与50万元出资款相互抵消。具体原因可参考四川省高级人民法院在《关于印发〈关于审理破产案件若干问题的解答〉的通知》（川高法〔2019〕90号）第三章第3条的说明："股东对公司的出资形成的是公司用于其独立经营并独立对外承担责任的财产，根据公司资本充实的基本原则，股东应当足额缴纳所认缴的出资，如允许股东将其本应按比例清偿的破产债权与欠缴的出资抵销，实际上是允许股东不足额出资，不仅违反资本充实原则，也会损害全体债权人利益，故债务人股东因欠缴债务人的出资或者抽逃出资对债务人所负债务与债务人对其所负债务主张抵销的，不予支持。"

2. 追收抽逃出资纠纷的风险

根据《公司法》第三十五条规定，公司成立后，股东不得抽逃出资。《最高人民法院关于适用〈中华人民共和国公司法〉若干问题的规定（三）》（以下简称《公司法司法解释（三）》）第十四条规定，"股东抽逃出资，公司或者其他股东请求其向公司返还出资本息、协助抽逃出资的其他股东、董事、高级管理人员或者实际控制人对此承担连带责任的，人民法院应予支持。公司债权人请求抽逃出资的股东在抽逃出资本息范围内对公司债务不能清偿的部分承担补充赔偿责任、协助抽逃出资的其他股东、董事、高级管理人员或者实际控制人对此承担连带责任的，人民法院应予支持；抽逃出资的股东已经承担上述责任，其他债权人提出相同请求的，人民法院不予支持。"如公司的股东存在抽逃出资的情况，则公司、公司股东及公司的其他债权人有权要求其向公司返还抽逃出资款的本息。进入破产程序后，《最高人民法院关于适用〈中华人民共和国企业破产法〉若干问题的规定（二）》第二十一条规定："破产申请受理前，债权人就债务人财产提起下列诉讼，破产申请受理时案件尚未审结的，人民法院应当中止审理：（一）……（二）主张债务人的出资人、发起人和负有监督股东履行出资义务的董事、高级管理人员，或者协助抽逃出资的其他股东、董事、高级管理人员、实际控制人等直接向其承担出资不实或者抽逃出资责任的……债务人破产宣告后，人民法院应当依照企业破产法第四十四条的规定判决驳回债权人的诉讼请求。但是，债权人一审中变更其诉讼请求为追收的相关财产归入债务人财产的除外。债务人破产宣告前，人民法院依据企业破产法第十二条或者第一百零八条的规定裁定驳回破产申请或者终结破产程序的，上述中止审理的案件应当依法恢复审理。"据此，相关的诉讼应当由破产管理人代表公司向抽逃出资的股东进行追收。

在司法实践中，常见的抽逃出资情形主要是股东的出资款在验资当日即由公司汇款给股东或者无任何理由汇款至第三方，该类证据通过调取公司的银行账户即可获取，而破产管理人代表公司有权限调取公司所有的银行账户流水。

3. 追收未缴出资或抽逃出资中其他股东、实际控制人、董事及高管的潜在风险

（1）追收未缴出资中，发起人股东及原股东的潜在风险。

关于发起人股东的潜在风险，根据《公司法司法解释（三）》第十三条规定，"股东未履行或者未全面履行出资义务，公司或者其他股东请求其向公司依法全面履行出资义务的，人民法院应予支持。公司债权人请求未履行或者未全面履行出资义务的股东在未出资本息范围内对公司债务不能清

偿的部分承担补充赔偿责任的，人民法院应予支持；未履行或者未全面履行出资义务的股东已经承担上述责任，其他债权人提出相同请求的，人民法院不予支持。股东在公司设立时未履行或者未全面履行出资义务，依照本条第一款或者第二款提起诉讼的原告，请求公司的发起人与被告股东承担连带责任的，人民法院应予支持；公司的发起人承担责任后，可以向被告股东追偿。股东在公司增资时未履行或者未全面履行出资义务，依照本条第一款或者第二款提起诉讼的原告，请求未尽公司法第一百四十七条第一款规定的义务而使出资未缴足的董事、高级管理人员承担相应责任的，人民法院应予支持；董事、高级管理人员承担责任后，可以向被告股东追偿。"股东未履行或者未全面履行出资义务的，破产管理人有权要求发起人股东与被告股东承担连带责任。举例说明：A 公司的发起人分别为甲、乙，各认缴出资 50%，其中甲已实缴出资，乙一直未出资。后 A 公司被裁定受理破产，则破产管理人有权要求乙实缴出资，同时主张甲对乙出资义务承担连带责任。

关于转让股权后的原股东潜在风险：注册资本认缴制下，未实缴出资股权转让分为未届认缴期限转让股权和认缴期限届满未实际出资转让股权两种情形。后者系瑕疵股权转让，根据《公司法司法解释（三）》第十八条规定，"有限责任公司的股东未履行或者未全面履行出资义务即转让股权，受让人对此知道或者应当知道，公司请求该股东履行出资义务、受让人对此承担连带责任的，人民法院应予支持；公司债权人依照本规定第十三条第二款向该股东提起诉讼，同时请求前述受让人对此承担连带责任的，人民法院应予支持。受让人根据前款规定承担责任后，向该未履行或者未全面履行出资义务的股东追偿的，人民法院应予支持。但是，当事人另有约定的除外。"对于出资责任承担有明确规定，受让人知道或者应当知道原股东存在瑕疵出资情形的，受让人和原股东在出资不足的范围内承担连带责任。而知情的瑕疵受让人（现股东）出资责任如何承担，在现行公司法及司法解释中均无明确规定，实务中也存在争议，大致可以分为以下两种情形：如股权转让时，原股东在股权转让时符合认缴期限加速到期的情况，原股东仍应依法履行出资义务，原股东与现股东共同对公司不能清偿的债务承担责任；如股权转让时，公司不存在无法清偿债务或原股东不存在以转让股权逃避出资义务的，则不构成司法解释规定的"未履行或者未全面履行出资义务即转让股权"的情形，不应当对现股东承担连带责任。

（2）追收未缴出资中，董事及高管人员的潜在纠纷。

根据《公司法司法解释（三）》第十三条规定，如董事、高管其未尽到忠实义务和勤勉义务致使股东未履行出资义务的，破产管理人有权请求其承担相应的责任。从法律规定来看，该责任并非连带责任，属于侵权责任。侵权责任必然要考虑到因果关系，即董事、高管未尽到忠实义务和勤勉义务与股东未履行出资义务之间是否存在因果关系。同时也要看到，某些生效判决，如《某微显示科技（深圳）有限公司、胡某损害公司利益责任纠纷再审民事判决书》（2018）最高法民再366号中一审、二审及再审法院的判决理由来看，人民法院对董事消极未履行追缴股东应缴出资的勤勉义务是否必然导致股东不履行出资义务还是存在一定争议。

在该案件中，一审、二审及再审法院均认为董事追缴股东出资属于董事勤勉义务的范围，但案涉董事未履行该义务与公司股东欠缴出资之间的因果关系存在争议。一审及二审法院认为：董事会未作出追缴股东欠缴出资的决定，与股东欠缴出资并无必然联系，也即股东是否履行全面出资义务，并不取决于董事会的决定。公司未收到全部出资，系因公司股东未全面履行出资义务所致，并非公司董事消极不履行勤勉义务或者积极阻止股东履行出资义务所致。

此外，一审及二审法院还认为只有董事、高管实施了积极的侵权行为并导致公司损失，才应当承担责任，并且类推对比了《公司法司法解释（三）》第十四条第一款股东抽逃出资的相关规定，公司请求股东向公司返还出资本息、协助抽逃出资的董事对此承担连带责任的，人民法院应予支持。从上述规定中的"执行职务""公司增资""协助抽逃"等表述可知，董事对公司损失承担责任，系因董事作出了某种积极行为，并导致公司受到损失。在董事消极未履行某种勤勉义务，且该消极未履行与公司所受损失并无直接因果关系的情况下，董事不应当受到追责。

然而，与一审、二审法院的判决思路不同，再审法院认为，董事持续的消极不作为的行为与股东未缴纳出资义务之间存在因果关系。案涉公司股东应在2006年3月16日前缴清全部认缴出资额，但自2006年3月16日至2012年公司被裁定受理破产清算之间，案涉董事从未向股东要求缴纳出资款，董事以消极不作为放任了实际损害的持续。股东欠缴的出资即公司遭受的损失，股东欠缴出资的行为与董事消极不作为共同造成损害的发生、持续。因此，董事未履行向股东催缴出资义务的行为与公司所受损失之间存在法律上的因果关系。

（3）追收抽逃出资中，其他股东、董事、高级管理人员或者实际控制人的潜在纠纷。

根据《公司法司法解释（三）》第十四条规定，股东抽逃出资，公司或者其他股东请求其向公司返还出资本息、协助抽逃出资的其他股东、董事、高级管理人员或者实际控制人对此承担连带责任的，人民法院应予支持。公司债权人请求抽逃出资的股东在抽逃出资本息范围内对公司债务不能清偿的部分承担补充赔偿责任、协助抽逃出资的其他股东、董事、高级管理人员或者实际控制人对此承担连带责任的，人民法院应予支持；抽逃出资的股东已经承担上述责任，其他债权人提出相同请求的，人民法院不予支持。协助抽逃出资的其他股东、董事、高级管理人员或者实际控制人应当对抽逃出资的股东在抽逃出资本息范围内承担连带责任。

司法实践中，法院对"协助抽逃出资"的认定规则并不统一。多数法院认为原告方应当举证证明被告方存在协助抽逃的积极行为，进而驳回原告的诉讼请求。然而少数法院从推定的角度来论证被告方存在协助抽逃的行为，如四川省成都市中级人民法院在《杨某号、杨某跑与刘某、余某某股东损害公司债权人利益责任纠纷》（2021）川01民终15564号认为："杨某跑、杨某号应在其抽逃出资本息范围内承担补充赔偿责任，利息的起算期限自抽逃之日起至补足出资之日止。杨某跑、杨某号出资款的来源和流向具有同一性，且两人作为公司股东同时在担任公司高管，长时间未对公司注册资本流出提出异议，上述事实能够印证两人对共同抽逃出资达成合意，应当对此承担连带责任。"法院支持了原告的诉讼请求。

（4）损害债务人利益纠纷（怠于履行清算申请和配合义务）。

本文所述的损害债务人利益纠纷特指破产程序中债务人的股东、董事、高管及法定代表人等相关方不当执行职务或有破产法规定的损害债权人利益行为，造成债务人财产利益的损失，被要求承担损害赔偿责任。该纠纷所依据的法律规定为《最高人民法院关于债权人对人员下落不明或者财产状况不清的债务人申请破产清算案件如何处理的批复》。经研究，批复如下：

债权人对人员下落不明或者财产状况不清的债务人申请破产清算，符合企业破产法规定的,人民法院应依法予以受理。债务人能否依据《企业破产法》第十一条第二款的规定向人民法院提交财产状况说明、债权债务清册等相关材料,并不影响对债权人申请的受理。

人民法院受理上述破产案件后,应当依据企业破产法的有关规定指定管理人追收债务人财产;经依法清算,债务人确无财产可供分配的,应当宣告债务人破产并终结破产程序;破产程序终结后两年内发现有依法应当追回的财产或者有应当供分配的其他财产的,债权人可以请求追加分配。

债务人的有关人员不履行法定义务,人民法院可依据有关法律规定追究其相应法律责任;其行为导致无法清算或者造成损失,有关权利人起诉请求其承担相应民事责任的,人民法院应依法予以支持。《批复》及《九民纪要》第118条【无法清算案件的审理与责任承担】规定,人民法院在审理债务人相关人员下落不明或者财产状况不清的破产案件时,应当充分贯彻债权人利益保护原则,避免债务人通过破产程序不当损害债权人利益,同时也要避免不当突破股东有限责任原则。可以简单地划分为相关责任人怠于履行破产清算申请和配合义务,导致债务人损失,进而被破产管理人追究责任。

① 怠于履行破产清算申请义务。

根据《批复》及《九民纪要》的相关规定,当企业出现《企业破产法》第七条债务人有本法第二条规定的情形,可以向人民法院提出重整、和解或者破产清算申请。债务人不能清偿到期债务,债权人可以向人民法院提出对债务人进行重整或者破产清算的申请。企业法人已解散但未清算或者未清算完毕,资产不足以清偿债务的,依法负有清算责任的人应当向人民法院申请破产清算。如负有清算责任的人未能及时向法院申请破产,导致债务人的主要财产、账册、重要文件等灭失,致使管理人无法执行清算职务,给债权人利益造成损害,则管理人有权请求上述责任人员承担损害赔偿责任。

不同的法律规定对负有清算申请义务的责任主体有所区分:《民法典》第七十条规定,法人解散的,除合并或者分立的情形外,清算义务人应当及时组成清算组进行清算。法人的董事、理事等执行机构或者决策机构的成员为清算义务人。法律、行政法规另有规定的,依照其规定。

清算义务人未及时履行清算义务,造成损害的,应当承担民事责任;主管机关或者利害关系人可以申请人民法院指定有关人员组成清算组进行清算。企业的董事、理事等执行机构或者决策机构的成员为清算义务人，但法律另有规定的除外。而《最高人民法院关于适用〈中华人民共和国公司法〉若干问题的规定（二）》（2020年修正）（以下简称《公司法司法解释（二）》）第十八条规定，有限责任公司的股东、股份有限公司的董事和控股股东未在法定期限内成立清算组开始清算，导致公司财产贬值、流失、毁损或者灭失，债权人主张其在造成损失范围内对公司债务承担赔偿责任的，人民法院应依法予以支持。

有限责任公司的股东、股份有限公司的董事和控股股东因怠于履行义务，导致公司主要财产、账册、重要文件等灭失，无法进行清算，债权人主张其对公司债务承担连带清偿责任的，人民法院应依法予以支持。

上述情形系实际控制人原因造成，债权人主张实际控制人对公司债务承担相应民事责任的，人民法院应依法予以支持。有限责任公司的清算义务人为股东，股份有限公司的清算义务人为董事和控股股东，《公司法司法解释二》中更多的是针对相关责任人未履行清算义务导致公司主要财产、账册、重要文件等灭失，无法进行清算的特殊情形。因此，我们倾向于认定破产清算申请义务的主要责任人为有限责任公司的股东、股份有限公司的董事和控股股东。

根据《九民纪要》第118条规定，该类纠纷的因果关系构成包括：清算义务人未及时履行破产清算申请义务，且主观存在过错；未及时申请破产清算导致公司主要财产、账册、重要文件等灭失；主要财产、账册、重要文件等灭失导致管理人无法执行清算职务；管理人无法执行清算职务致使债权人利益造成损害。相关责任人及因果关系构成示意图如图2-1所示。

责任主体 （即负有清算责任的人）	因果关系构成			
1. 有限责任公司是指股东，股份有限公司是指董事和控股股东【《公司法司法解释（二）》第十八条】 2. 法人的董事、理事等执行机构或者决策机构的成员【《民法典》第七十条第2款】	清算义务人未及时履行破产清算申请义务且主观存在过错	→ 未及时申请破产清算导致公司主要财产、账册、重要文件等灭失	→ 主要财产、账册、重要文件等灭失导致管理人无法执行清算职务	→ 管理人无法执行清算职务致使债权人利益造成损害

图2-1 相关责任人及因果关系构成示意

② 怠于履行破产清算配合义务。

根据《批复》及《九民纪要》的相关规定，如依法负有清算责任的人不履行《企业破产法》第十五条规定："自人民法院受理破产申请的裁定送达债务人之日起至破产程序终结之日，债务人的有关人员承担下列义务：（一）妥善保管其占有和管理的财产、印章和账簿、文书等资料；（二）根据人民法院、管理人的要求进行工作，并如实回答询问；（三）列席债权人会议并如实回答债权人的询问；（四）未经人民法院许可，不得离开住所地；（五）不得新任其他企业的董事、监事、高级管理人员。前款所称有关人员，是指企业的法定代表人；经人民法院决定，可以包括企业的财务管理人员和其他经营管理人员。"规定的配合清算义务（包括妥善保管财产、印章和账簿、文书等资料以及回答法院及管理人的询问），导致债务人的主要财产、账册、重要文件等灭失，致使管理人无法执行清算职务，给债权人利益造成损害的，则破产管理人请求上述主体承担相应损害赔偿责任并将因此获得的赔偿归入债务人财产。

同样地，不同的法律规定对负有配合清算义务的责任主体有所区分。《企业破产法》第十五条中规定责任主体包括两类：一是法定代表人；二是经法院决定的财务管理人员和其他经营管理人员。而《九民纪要》中规定责任主体为企业的法定代表人、财务管理人员和其他经营管理人员。

根据《九民纪要》第118条规定，该类纠纷的因果关系构成包括：负有配合清算义务的人员不配合清算，且主观存在过错；相关人员不配合清算导致债务人财产状况不明；债务人财产状况不明导致管理人无法执行清算职务；管理人无法执行清算职务导致债权人利益受损。相关的责任人及因果关系构成示意图如图2-2所示。

责任主体 （即负有配合清算义务的人员）	因果关系构成				
1. 法定代表人及经法院决定的财务管理人员和其他经营管理人员【《批复》】 2. 法定代表人、财务管理人员和其他经营管理人员【《九民纪要》】	负有配合清算义务的人员不配合清算且主观存在过错	→	不配合清算导致债务人财产状况不明	→	债务人财产状况不明导致管理人无法执行清算职务	→	管理人无法执行清算职务导致债权人利益受损

图2-2 相关责任人及因果关系构成示意

实务中，不同法院对前述因果关系的论证的要求是不同的，如浙江地区特别是台州、温州地区的法院对前述因果关系的证明要求较低，而上海地区的法院对前述因果关系的证明要求较高。然而不管如何，作为企业的法定代表人、股东及决策机构的成员应当妥善保管企业财产、印章和账簿、文书等资料并配合法院及管理人的工作，避免此类诉讼纠纷。

（5）追收非正常收入及侵占企业财产纠纷。

追收非正常收入及侵占企业财产纠纷所依据的法律规定主要是《企业破产法》第三十六条规定："债务人的董事、监事和高级管理人员利用职权从企业获取的非正常收入和侵占的企业财产，管理人应当追回。"针对企业的董事、监事及高管人员利用职权从企业获取非正常的收入或者侵占企业的资产，管理人依法向前述人员通过诉讼追回，简单地分为两类：一是企业董事、监事及高管人员等人员利用职权侵占公司资产，如代收企业的应收款却拒不返还；二是企业存在资不抵债或明显缺乏清偿能力的情况下，获取绩效奖金及普遍拖欠职工工资情况下获取的工资性收入。

① 企业董事、监事及高管人员利用职权侵占公司资产。

中小企业的经营过程中，财务制度并不规范，企业的董事、监事及高管人员存在代企业收取应收款，但未能提供充分的证据证明代收的应收款用于企业运营的情况或者是企业的董事、监事及高管人员直接侵占公司的资产。在此情况下，管理人会向企业的董事、监事及高管人员进行追收。

实务案例：《刘某某、佛山市某模具有限公司等追收非正常收入纠纷民事判决书》（2022）粤 06 民终 9698 号中，法院认为："根据本案查明的事实，扣除刘某某存入某公司账户的款项，刘某某已收到某公司向其个人账户转入的款项合计 387 832.84 元（416 332.84 元-28 500 元），在某公司要求刘某某将上述款项返还予公司的情况下，刘某某应就其提取及持有上述款项的合法性承担举证责任。刘某某提交了相关证据材料，仅凭转款凭证尚不足以证明前述款项系代某公司支付，即便刘某某举证证明某公司曾与前述部分主体存在业务往来，也不代表刘某某与该部分主体的款项往来必然与某公司相关。综上，刘某某未就其主张提供确实充分的证据予以证明，应承担举证不能的不利后果，在此情况下，该院认定刘某某的行为属侵占某公司财产，对某公司利益造成损害，刘某某应向某公司返还 387 832.84 元。"前述案件中，法院认为企业的经营人员为企业垫付款项用于企业经营的，应当提供充分的证据予以证明，包括相应的合同、发票等，如举证不力，应当承担相应的法律后果。

②在企业具备破产条件的情形下，企业董事、监事及高管人员获取工资收入或者获取超额收入的情形。

根据《最高人民法院关于适用〈中华人民共和国企业破产法〉若干问题的规定（二）》第二十四条规定，债务人有企业破产法第二条第一款规定的情形时，债务人的董事、监事和高级管理人员利用职权获取的以下收入，人民法院应当认定为企业破产法第三十六条规定的非正常收入：（一）绩效奖金；（二）普遍拖欠职工工资情况下获取的工资性收入；（三）其他非正常收入。债务人的董事、监事和高级管理人员拒不向管理人返还上述债务人财产，管理人主张上述人员予以返还的，人民法院应予支持。债务人的董事、监事和高级管理人员因返还第一款第（一）项、第（三）项非正常收入形成的债权，可以作为普通破产债权清偿。因返还第一款第（二）项非正常收入形成的债权，依据企业破产法第一百一十三条第三款的规定，按照该企业职工平均工资计算的部分作为拖欠职工工资清偿；高出该企业职工平均工资计算的部分，可以作为普通破产债权清偿。在企业具备破产的情形下，企业董事、监事和高级管理人员如获取绩效奖金、非正常收入的，管理人有权向上述人员进行追收，如上述人员返还的，则返还金额参照普通债权进行清偿；在企业具备破产且普遍拖欠其他职工工资的情况下，如企业董事、监事和高级管理人员获取工资的，管理人有权向上述人员进行追收，如上述人员返还的，则返还的金额可作为债权进行清偿，清偿分为两类：职工平均工资范围内的返还金额，按照拖欠职工工资清偿；超过平均工资的部分，可以作为普通破产债权清偿。

实务案例：《张某、湖南某新材料股份有限公司追收非正常收入纠纷民事二审民事判决书》（2021）湘01民终15612号中，法院认为："在债务人企业出现资不抵债、丧失清偿能力等破产原因时，债务人的董事、监事和高级管理人员基于其特殊身份或依职权所获得的绩效奖金等收入应认定为非正常收入。本案中，首先，根据《审计报告》，湖南某公司自2019年12月31日开始即处于资不抵债状态。虽当时该公司未向法院提出破产申请，但不能据此否定其存在资不抵债的破产原因。其次，经查，湖南某公司领导人员的薪酬标准系其控股股东南资公司统筹确定，张某的薪酬亦基于其系湖南某公司副总经理的身份而被纳入该标准范围内，故张某依据该标准获得的绩效奖金系基于其特殊身份所获得。据此，张某所获得的绩效奖金应属于非正常收入。"

综上，企业进入破产程序后，企业的股东、实际控制人或者董监高会面临潜在的诉讼风险：一类是围绕出资义务而展开；另一类围绕损害企业或者债权人利益而展开。因此，在企业申请破产或者被债权人申请破产时，需通盘梳理企业是否存在上述问题，排查相关的风险点，避免被破产管理人进行追索。

三、企业破产民事风险典型案例分析

案例一 房产开发公司诉孙某财、陈某华请求撤销个别清偿行为纠纷案

【案件基本信息】

1. 裁判文书字号

新疆生产建设兵团第六师中级人民法院（2016）兵06民初字第122号判决书、新疆维吾尔自治区高级人民法院生产建设兵团分院（2017）兵民终74号判决书、中华人民共和国最高人民法院（2018）最高法民申5801号裁定书

2. 案由：请求撤销个别清偿行为纠纷

3. 当事人：

原告（被上诉人、再审被申请人）：房产开发公司

被告（上诉人、再审申请人）：孙某财、陈某华

【基本案情】

2014年11月17日，孙某财、陈某华与房产开发公司签订《借款协议书》，约定孙某财与陈某华给房产开发公司借款2000万元，借期为六个月，即2014年11月17日至2015年5月16日，利息每月为140万元。为保证按《借款协议书》约定的时间还款付息，同日，双方又签订了《补充协议书》，约定房产开发公司将已经取得商品房预售许可证的部分住宅和商铺售予孙某财、陈某华，待房产开发公司履行完还款付息的义务之后，孙某财、陈某华同意与房产开发公司解除上述已购商铺、住宅的《商品房买卖合同》。

合同签订后，孙某财将借款共计 2200 万元，通过银行转账到房产开发公司指定的账户。

2014 年 11 月 12 日，房产开发公司与孙某财签订了 20 份住宅《商品房买卖合同》。2014 年 11 月 17 日，房产开发公司对上述 20 套商品房给孙某财出具了 20 份收款收据。

2014 年 11 月 13 日，房产开发公司与陈某华签订了 15 份商铺《商品房买卖合同》。

2015 年 4 月 27 日，房产开发公司又与孙某财签订了 5 份住宅《商品房买卖合同》。

2015 年 8 月 10 日，房产开发公司与孙某财、陈某华签订《协议书》，约定双方之前签订的《借款协议书》及《补充协议书》废止，房产开发公司未偿还的借款转为孙某财、陈某华购买"碧水戎城"的购房款。

2015 年 10 月 10 日，房产开发公司给陈某华开具了 15 份销售不动产统一发票。

2015 年 11 月 5 日，法院裁定受理了房产开发公司破产重整案，并指定了房产开发公司破产管理人。

孙某财、陈某华向管理人申报债权，认可"以房抵债"，要求履行《商品房买卖合同》，交付房屋。

破产管理人起诉撤销孙某财与房产开发公司签订的 25 份《商品房买卖合同》以及陈某华与房产开发公司签订的 15 份《商品房买卖合同》。

【案件焦点】

能否撤销房产开发公司与孙某财、陈某华签订的涉案 40 份《商品房买卖合同》。

【法院裁判要旨】

一审法院经审理认为：法院于 2015 年 11 月 5 日受理了房产开发公司的破产重整案，房产开发公司与孙某财、陈某华虽于 2014 年 11 月 12 日、11 月 13 以及 2015 年 4 月 27 日签订 40 份《商品房买卖合同》，但于 2015 年 8 月 10 日签订《协议书》，以 40 套商品房抵偿其欠孙某财、陈某华的欠款 2200 万元及利息，故以上清偿行为发生在法院受理破产申请前 6 个月内。且房产开发公司抵债房屋的价格均明显低于当地的市场销售价格，故无法证明"以房抵债"的行为在客观上使房产开发公司的财产受益,并非孙某财、陈某华所称该"个别清偿行为使债务人财产受益"的情形。

一审判决:撤销2014年11月12日、11月13日以及2015年4月27日房产开发公司与孙某财、陈某华签订的40份《商品房买卖合同》。

孙某财、陈某华不服一审判决,提起上诉。

二审法院认为从房产开发公司与孙某财、陈某华于2015年8月10日签订的《协议书》看,双方约定以房产开发公司40套商品房抵偿其欠两上诉人的欠款2200万元及利息,该清偿行为发生的时间,属于"人民法院受理破产申请前六个月内"的期间范围;从房产开发公司与孙某财、陈某华签订的40份《商品房买卖合同》约定的价款与相关内容看,不能证明"以房抵债"行为在客观上使房产开发公司财产受益。

二审判决:驳回上诉,维持原判。

孙某财、陈某华不服判决,申请再审。

最高人民法院认为,房产开发公司未偿还的借款转为孙某财、陈某华购房款的时间为2015年8月10日,孙某财、陈某华与房产开发公司签订《商品房买卖合同》的真实意思并非转移房屋所有权,而是为了保证房产开发公司对《借款协议书》的履行。原审判决有事实和法律依据。遂驳回孙某财、陈某华的再审申请。

【提示】

1. 本案例是管理人起诉请求撤销案涉合同,二审法院根据《企业破产法》第二十五条的规定,管理人代表债务人进行诉讼,认为本案的被上诉人应为债务人房产开发公司,一审法院将管理人列为当事人不当,予以纠正当事人为房产开发公司。现审判实践中较为普遍认可的破产衍生诉讼主体有:①涉及债务人的民事纠纷以债务人为诉讼主体,如对外追收债权、追收出资、取回权、损害债务人利益赔偿、破产债权确认等纠纷。②管理人行使法定职权的纠纷以管理人为诉讼主体,如撤销个别清偿行为、破产撤销权、请求确认债务人行为无效、破产抵销权等纠纷。

2. 按时清偿欠款是债务人应尽的义务,但在某些特定时期,企业债务人清偿欠款的行为可能损害全体债权人的公平受偿权,法律将予以干预。

《中华人民共和国企业破产法》第三十二条规定:"人民法院受理破产

申请前六个月内，债务人有本法第二条第一款规定的情形，仍对个别债权人进行清偿的，管理人有权请求人民法院予以撤销。但是，个别清偿使债务人财产受益的除外。"该法第二条第一款规定："企业法人不能清偿到期债务，并且资产不足以清偿全部债务或者明显缺乏清偿能力的，依照本法规定清理债务。"据此，要撤销债务人的个别清偿行为必须具备以下条件：一是个别清偿行为发生在人民法院受理破产申请前6个月内；二是债务人必须存在不能清偿到期债务，并且资产不足以清偿全部债务或者明显缺乏清偿能力的情形。但如果个别清偿行为使债务人财产受益的，该个别清偿行为不得撤销。

赋予管理人撤销权，意在恢复债务人进入破产程序前的临界期间对个别债权人进行清偿减损的财产，确保全体债权人公平分配。

案例二　A公司诉杜某鹏追收非正常收入纠纷案

【案件基本信息】

1. 裁判文书字号

沈阳市铁西区人民法院（2022）辽0106民初17834号判决书、辽宁省沈阳市中级人民法院（2023）辽01民终7584号判决书

2. 案由：追收非正常收入纠纷

3. 当事人：

原告（上诉人）：A公司

被告（被上诉人）：杜某鹏

【基本案情】

A公司成立于2000年5月8日，系中日合资企业。杜某鹏系A公司的法定代表人，职务为董事长，是一名董事。杜某鹏在2017年2月之前固定工资29 800元，2017年2—5月工资50 400元，2017年6—12月工资50 450元，2018年2—5月工资50 450元，2018年6—12月工资50 500元。其中，2017年8月工资28 450元，2018年1月工资100 450元。另外，A公司自2015年1月到2017年10月向杜某鹏支付房屋租金共计564 000元。

2019年4月2日，法院裁定受理A公司破产清算一案。管理人认为杜某鹏在公司不能清偿到期巨额债务的情况下，擅自将其工资调整为 50 400

元，所获取的调整工资差额部分 495 650 元依法应认定为非正常收入，应予以返还，给付占用期间的相应利息。另外，公司与杜某鹏不存在房屋租赁关系，杜某鹏利用职权的便利将 564 000 元通过房租报销的形式转至个人名下，属于侵占公司财产，应予以返还。遂起诉至法院。

【案件焦点】

工资差额部分 495 650 元及 564 000 元房租是否属于非正常收入。

【法院裁判要旨】

一审法院经审理认为：

第一，关于 A 公司主张杜某鹏的工资从 29 800 元调整到 50 400 元未经过董事会决议，虽然公司章程中规定了董事会任命的高级管理人员的工资等由董事会讨论决定，鉴于杜某鹏作为公司的一名董事，已将 2007 年至 2017 年的年度审计报告发送日方处，上述审计报告中对于杜某鹏工资调整后的数额是明确的，因工资调整的事项是调整项，并非对工资定性的决定项，结合杜某鹏的工资在企业成立之初即存在，且在各年度审计报告中存在多处员工工资调整的情况，日方均未提出异议，故日方对于审计报告中涉及的杜某鹏工资数额问题未提异议，应视为对于其工资调整是予以认可的，据此，杜某鹏的调整工资差额不能认定为非正常收入。

第二，关于 A 公司主张杜某鹏返还以房租形式报销的费用问题，本案杜某鹏利用职权便利将公司款项通过房租报销的形式转至个人名下，其未能提供证据证明房屋租赁关系的客观存在，而是主张上述款项系公司对于企业高管的一种福利和补贴，虽然杜某鹏主张该款项与工资调整一并以文件传阅的方式递交给日方，日方并未提出异议，但该款项与工资性质不同，杜某鹏作为企业高管，职工工资从公司成立之初即享有，在企业运营的过程中正常调整以递交审计报告的形式提交董事会，可以认为其他董事对该项调整在未明确提出异议的情况下是予以认可的。而向企业高管以房屋租金形式发放福利和补贴，既不符合劳动合同法的规定，也违背企业章程规定的发放程序，该款项的支出应该通过召开董事会或者以明确的文件传阅形式正式达成合意来确认，而杜某鹏主张通过递交财务报表的形式作为文件传阅来达成董事会决议不能支撑该项费用程序上的合理支出，据此认定杜某鹏收取该款项是对企业财产的侵占，符合《企业破产法》第三十六条予以返还的情形。

一审判决:(一)杜某鹏于本判决发生法律效力之日起十日内返还A公司564 000元;

(二)杜某鹏于本判决发生法律效力之日起十日内给付A公司款项利息(以564 000元为基数,从2019年4月2日开始到2019年8月19日,参照中国人民银行同期贷款利率进行计算,从2019年8月20日开始,参照全国银行间同业拆借中心公布的市场贷款报价利率进行计算,计算到实际给付之日止);

(三)驳回A公司的其他诉讼请求。

A公司不服一审判决第三项,提起上诉。

二审法院认为,A公司章程第二十三条规定公司高级管理人员工资等事项须召开董事会并经董事会决议。此处作为高级管理人员工资的决议事项在章程无其他除外约定的情况下,应包含高管人员工资调整事项。A公司章程第二十四条关于董事会召集程序约定董事会可采用文件传阅的决议方式,代替召开董事会临时会议。关于杜某鹏抗辩已经通过章程约定的文件传阅方式召开临时董事会,其工资调整事项已经董事会决议通过的抗辩主张能否成立问题。《公司法》第一百一十二条第二款规定:"董事会应当对会议所议事项的决定作成会议记录,出席会议的董事应当在会议记录上签名。"A公司章程第二十七条亦明确约定召开董事会应制作会议记录,并将记录保存在公司,复印件送达全体董事。结合本案,杜某鹏向其他董事发送的仅为公司当年的审计报告、财务报表等材料,不存在召开董事会前通知其他股东、召开时制作会议记录、会后董事在会议记录上签字等召开董事会的相应程序。杜某鹏向其他董事发送审计报告等材料的行为并不具备法律及公司章程中规定的召开董事会的形式外观,仅是向其他董事或股东披露A公司整体经营状况的行为。因此杜某鹏工资调整事项未按照章程约定,经董事会表决通过,系滥用职权获取的非正常收入,符合《企业破产法》第三十六条应予返还的情形。另外,即使杜某鹏有关已经通过文件传阅方式召开临时董事会的抗辩成立,其亦应在传阅的文件中向其他董事提供表决所需的实质信息,足以使其他董事知晓决议内容包含杜某鹏工资调整事项。而杜某鹏提交的审计报告等材料中,仅有每年A公司全体员工的整体工资数据,并未就杜某鹏的工资调整事项单独列项,不能认定其他董事已经就其调整工资事项知情并就此形成董事会决议。杜某鹏擅自调整工资仍无权利基础，该部分收入仍系滥用职权获取的非正常收入。

关于杜某鹏抗辩，依据《最高人民法院关于审理劳动争议案件适用法律问题的解释（一）》第四十三条规定，杜某鹏与 A 公司已经通过实际履行方式变更了工资标准。本院认为，该条司法解释的原意是放宽变更合同的形式要求，在一定条件下承认非书面变更劳动合同的效力。而承认非书面变更劳动合同效力的前提条件为用人单位与劳动者已协商一致。结合本案，根据现有证据无法认定 A 公司已经召开董事会，董事间已就杜某鹏工资调整事项形成董事会决议。因此杜某鹏与 A 公司间并未协商一致变更劳动合同，不符合适用该条司法解释的前提条件。

二审判决：（一）维持沈阳市铁西区人民法院（2021）辽 0106 民初 17834 号民事判决第一、二项；

（二）撤销沈阳市铁西区人民法院（2021）辽 0106 民初 17834 号民事判决第三项；

（三）被上诉人杜某鹏于本判决发生法律效力之日起十日内返还上诉人 A 公司 495 650 元；

（四）被上诉人杜某鹏于本判决发生法律效力之日起十日内给付上诉人 A 公司款项利息（以 495 650 元为基数，自 2019 年 4 月 2 日起至 2019 年 8 月 19 日，按中国人民银行同期贷款利率计算，自 2019 年 8 月 20 日起至实际清偿之日，按全国银行间同业拆借中心公布的市场贷款报价利率计算）。

【提示】

（1）当债务人具备破产原因时，债务人公司的董事、监事、高级管理人员取得的绩效奖金、普遍拖欠职工工资情况下获取的工资性收入，以及其他非正常收入均属于法律规定的非正常收入，管理人应当依法予以追回。

实践中，主要取得方式有以下几种：①无正当原因，董监高直接从公司账户支取款项或将公司款项转入本人或指定人账户；②利用职权，将公司应收账款直接汇入本人账户，非公司账户；③不具备分红条件下进行分红；④公司未经董事会决议，以公司账户支付给高级管理人员的"个人奖励"。

（2）法条链接。

《中华人民共和国企业破产法》第三十六条规定，债务人的董事、监事和高级管理人员利用职权从企业获取的非正常收入和侵占的企业财产,管理人应当追回。

《最高人民法院关于适用〈中华人民共和国企业破产法〉若干问题的规定(二)》第二十四条规定,债务人有企业破产法第二条第一款规定的情形时,债务人的董事、监事和高级管理人员利用职权获取的以下收入,人民法院应当认定为企业破产法第三十六条规定的非正常收入:(一)绩效奖金;(二)普遍拖欠职工工资情况下获取的工资性收入;(三)其他非正常收入。

债务人的董事、监事和高级管理人员拒不向管理人返还上述债务人财产,管理人主张上述人员予以返还的,人民法院应予支持。

债务人的董事、监事和高级管理人员因返还第一款第(一)项、第(三)项非正常收入形成的债权,可以作为普通破产债权清偿。因返还第一款第(二)项非正常收入形成的债权,依据企业破产法第一百一十三条第三款的规定,按照该企业职工平均工资计算的部分作为拖欠职工工资清偿;高出该企业职工平均工资计算的部分,可以作为普通破产债权清偿。

案例三 A公司诉某银行破产抵销权纠纷案

【案件基本信息】

1. 裁判文书字号

江阴市人民法院(2019)苏0281民初17061号判决书、江苏省无锡市中级人民法院(2020)苏02民终4620号判决书

2. 案由:破产抵销权纠纷

3. 当事人:

原告(被上诉人):A公司

被告(上诉人):某银行

【基本案情】

2018年4月9日,A公司与某银行签订借款合同一份,主要约定A公司向某银行借款3000万元,借款期限为2018年4月9日至2019年3月28日,借款利率为固定年利率6.873%。2018年4月10日,某银行支付A公司3000万元。

2019年1月21日,法院裁定受理A公司破产清算案件,并指定管理人。

A公司在某银行开立的两个账户在2019年1月21日的账户余额分别为71 948.41元、100万元。

2019年1月23日，管理人向某银行送达了法院的通知书，通知A公司在某银行的账户，只许进账，不得出账。

2019年3月7日，某银行向管理人发出通知书，将A公司存款余额71 948.41元、100万元抵销结欠某银行同等金额的借款本金。

2019年4月19日，管理人对某银行进行回函，认为抵销主张不符合法律规定，因此不予同意。并通知某银行：①立即将A公司账户中的存款转至管理人账户。②就错误抵销的债权补充申报债权，承担审查和确认补充申报债权的费用。次日，某银行收到回函。后管理人将本案所涉纠纷诉至法院。

【案件焦点】

A公司在某银行的存款是否属于A公司对某银行享有的债权，某银行是否有权行使破产抵销权。

【法院裁判要旨】

一审法院审理认为：某银行依法占有A公司的存款，但不代表其拥有存款的所有权。存款与贷款的属性不同，存款为存款人所有，存款人对存款具有绝对的支配权，与债权请求权不同。一审法院裁定受理对A公司的破产清算申请后，支配权由管理人接管，A公司被宣告破产后，存款为破产财产，应当用于破产分配，依法公平清偿破产债权，不属于某银行对A公司所负债务。抵销权行使的必要条件为双方互负到期债务，现某银行对A公司享有债权，但并不负担债务，不符合行使抵销权的必要条件，故其于2019年3月7日对A公司所有的存款1 071 948.41元行使抵销权的行为无效，应返还A公司存款本金1 071 948.41元及相应利息。

一审判决：（一）某银行于2019年3月7日对A公司账户存款1 071 948.41元行使抵销权的行为无效；

（二）某银行于判决发生法律效力之日起10日内返还A公司存款本金1 071 948.41元及利息（以1 071 948.41元为基数自2019年3月8日起至2019年8月19日止按中国人民银行同期贷款利率计算，自2019年8月20日起至实际给付之日止按全国银行间同业拆借中心公布的贷款市场报价利率计算）。

某银行不服一审判决，提起上诉。

二审法院审理认为：某银行无权行使所谓的破产抵销权，对其所称扣划A公司两账户存款余额的行为系行使破产抵销权的意见，不予支持。理由如下：第一，存款与贷款的属性不同，储户对存款享有绝对支配权，不属于可以与银行借款进行抵销的财产。我国法律规定对储户存款的保障力度与对银行借款的保障力度大有不同。储户存款在存取款自由、存款安全、存款保险及诉讼时效等方面受到的保障力度明显有别于银行借款，不属于可进行破产抵销的债权。第二，某银行所称行使破产抵销权的行为不符合破产抵销权的行使特征。抵销权的本质特征是不存在实际的履行，债务不进行现实的交付行为，双方一致的意思表示一经作出，双方间的相应债权债务关系即告消灭。本案中，某银行扣款抵债的过程中，该抵销并非不进行任何现实的交付，某银行仍然要从A公司所有的账户上将相应存款扣划入某银行自有账户，改变A公司账户中的相应信息记载，以此来改变相应款项的归属，实现相应债务的清偿。事实上，某银行仍需要实施职权行为来达到抵扣的目的。第三，某银行在主张所谓抵销时，A公司的两账户系被其他法院查封状态，此时某银行亦无权私自处置账户内资金。

二审判决：驳回上诉，维持原判。

【提示】

（1）破产抵销权是指破产企业的债权人，同时又对破产企业负有债务，向管理人主张相互抵销的法定权利。破产抵销权行使有一定的限制。首先，前提是互负的债权债务数额明确无争议。其次，主张破产抵销权的主体是债权人为原则，管理人主张为例外。再次，破产抵销中的债权必须是发生于破产申请受理前，破产程序过程中发生的债权不属于破产债权，故不允许抵销。最后，债务人股东因欠缴债务人的出资或者抽逃出资对债务人所负的债务，以及债务人股东滥用股东权利或者关联关系损害公司利益对债务人所负的债务不得抵销。

（2）法条链接。

《中华人民共和国企业破产法》第四十条规定，债权人在破产申请受理前对债务人负有债务的，可以向管理人主张抵销。但是，有下列情形之一的，不得抵销：（一）债务人的债务人在破产申请受理后取得他人对债务人的债权的；（二）债权人已知债务人有不能清偿到期债务或者破产申请的事实，对债务人负担债务的，但是，债权人因为法律规定或者有破产申请一年前所发生的原因而负担债务的除外；（三）债务人的债务人已知债务人有不能清偿到期债务或者破产申请的事实，对债务人取得债权的，但是，债务人的债务人因为法律规定或者有破产申请一年前所发生的原因而取得债权的除外。

《最高人民法院关于适用〈中华人民共和国企业破产法〉若干问题的规定（二）》第四十一条规定，债权人依据企业破产法第四十条的规定行使抵销权，应当向管理人提出抵销主张。管理人不得主动抵销债务人与债权人的互负债务，但抵销使债务人财产受益的除外。

案例四 A公司诉赵某敏、钱某官追收未缴出资纠纷案

【案件基本信息】

1. 裁判文书字号

上海市第三中级人民法院（2020）沪03民初241号判决书

2. 案由：追收未缴出资纠纷

3. 当事人：

原告：A公司

被告：赵某敏、钱某官

【基本案情】

A公司注册资本1000万元，2017年设立时的股东为赵某敏（占股70%）、钱某官（占股30%），认缴期限至2043年7月1日届满。2019年1月起，A公司因债务问题停止经营。2019年1月1日，A公司与受让方签署《房屋租赁合同整体转让协议书》，约定将其承租的餐饮店铺整体出让，未约定转让款，钱某官代表受让方签字。1月3日，钱某官又将其股权作价290万元转让给赵某敏，但股权转让款未实际支付。A公司2019年1月至3月的资产负债表显示所有者权益为负值。2020年2月，A公司因不能清偿到期债务且明显缺乏清偿能力而进入破产清算程序。经审查确认的所有债权均产生于A公司停业之前。破产管理人以A公司名义提起诉讼，要求现任股东赵某敏以及出让股东钱某官分别承担出资责任、连带责任，请求判令

赵某敏缴纳出资款 3 173 211 元，钱某官承担连带清偿责任。

【案件焦点】

（1）赵某敏、钱某官已实缴出资金额如何认定；

（2）钱某官在转让股权后是否仍应承担 29%部分的出资责任；

（3）钱某官是否应当基于发起人身份对赵某敏 70%初始出资承担连带清偿责任。

【法院裁判要旨】

一审法院审理认为：钱某官向赵某敏转让股权时，餐饮公司已停止经营且有未清偿的对外负债，资产负债表亦显示资不抵债，存在破产原因。钱某官具有以转让股权逃避债务的恶意。2019 年《全国法院民商事审判工作会议纪要》第六条明确规定"已具备破产原因但债务人不申请破产"可认定为出资加速到期的法定情形，故钱某官转让股权时其认缴出资义务应当加速到期，其在未实缴出资的情况下转让股权属于瑕疵股权转让行为，应当承担出资责任。另外，在公司具备破产原因的情况下，发起人的资本充实责任亦不因股权转让而免除，仍应按照资本充实责任原则对另一发起人股东赵某敏的未缴出资承担连带责任。

一审判决：支持了 A 公司的全部诉讼请求。

【提示】

（1）注册资本认缴制下，常出现股东滥用期限利益逃避出资责任的现象，在公司背负大额债务无力清偿时，股东以出让未届认缴期限股权的方式全身而退，有失诚实信用，损害了商事交易秩序和安全。管理人通过在破产程序中发起衍生诉讼追究包括出让股东在内的股东出资责任，规制股东滥用期限利益逃避出资行为，充分发挥了破产制度追收债务人财产。

（2）法条链接。

《中华人民共和国企业破产法》第三十五条规定，人民法院受理破产申请后，债务人的出资人尚未完全履行出资义务的，管理人应当要求该出资人缴纳所认缴的出资，而不受出资期限的限制。

《最高人民法院关于适用〈中华人民共和国公司法〉若干问题的规定（二）》第二十二条第二款规定，公司财产不足以清偿债务时，债权人主张未缴出资股东，以及公司设立时的其他股东或者发起人在未缴出资范围内对公司债务承担连带清偿责任的，人民法院应依法予以支持。

《最高人民法院关于适用〈中华人民共和国公司法〉若干问题的规定（三）》第十三条规定，股东未履行或者未全面履行出资义务，公司或者其他股东请求其向公司依法全面履行出资义务的，人民法院应予支持。

公司债权人请求未履行或者未全面履行出资义务的股东在未出资本息范围内对公司债务不能清偿的部分承担补充赔偿责任的，人民法院应予支持；未履行或者未全面履行出资义务的股东已经承担上述责任，其他债权人提出相同请求的，人民法院不予支持。

股东在公司设立时未履行或者未全面履行出资义务，依照本条第一款或者第二款提起诉讼的原告，请求公司的发起人与被告股东承担连带责任的，人民法院应予支持；公司的发起人承担责任后，可以向被告股东追偿。

案例五　A公司诉B公司、李某进追收抽逃出资纠纷案

【案件基本信息】

1. 裁判文书字号

最高人民法院（2021）最高法民申4683号

2. 案由：追收抽逃出资纠纷

3. 当事人：

原告（被上诉人、再审被申请人）：A公司

被告（上诉人、再审申请人）：B公司、李某进

【基本案情】

2011年9月13日，B公司向A公司银行账户转账完成增资，会计师事务所出具验资报告后，次日该出资款以往来款的形式被转入其他公司账户，用途摘要载明"往来"。后A公司进入破产清算程序，管理人代表债务人提起诉讼，要求B公司返还抽逃出资，李某进作为A公司时任法定代表人承担连带责任。

【案件焦点】

B公司是否应向A公司返还出资款及相应利息。

【法院裁判要旨】

最高人民法院审理认为：第一，A公司2011年9月召开股东大会形成

决议、修订公司章程并确认了增资事项，同时将有关事项在工商管理部门进行登记，符合公司增资的法定条件和程序。B公司与罗航等人是否另行签订内部出资协议，其内部对出资金额、持股比例等问题的约定不影响公司股东按照工商登记的股权状况履行出资义务。因此B公司作为公司股东对A公司于2011年9月13日通过修改公司章程并进行登记确认的增资事项具有出资义务。

第二，2011年9月13日，B公司向A公司银行账户转账完成增资，深圳某会计师事务所出具验资报告后，次日出资款以往来款的形式被转至其他公司账户，用途摘要载明"往来"。该转出行为未经任何法定程序，亦非基于正常的交易关系。B公司在原审庭审中确认其知晓并许可增资以及通过中介公司垫资完成增资登记等事项。《最高人民法院关于适用〈中华人民共和国公司法〉若干问题的规定（三）》第十二条规定："公司成立后，公司、股东或者公司债权人以相关股东的行为符合下列情形之一且损害公司权益为由，请求认定该股东抽逃出资的，人民法院应予支持……（四）其他未经法定程序将出资抽回的行为。"B公司以获取验资为目的，短暂地将资金转入并转出的行为，构成抽逃出资，应当承担返还义务。

第三，2011年9月13日，A公司进行增资时，李某进担任A公司的执行董事、总经理，系公司法定代表人。《最高人民法院关于适用〈中华人民共和国公司法〉若干问题的规定（三）》第十四条规定："股东抽逃出资，公司或者其他股东请求其向公司返还出资本息、协助抽逃出资的其他股东、董事、高级管理人员或者实际控制人对此承担连带责任的，人民法院应予支持。"李某进不但未监督股东履行出资义务，反而放任并协助股东抽逃出资，应对B公司的返还出资责任承担连带责任。

再审裁定判决：驳回B公司、李某进的再审申请。

【提示】

（1）公司在成立与运营过程中应维持与其注册资本相当的资产，以维护债权人的利益，保护社会交易安全。抽逃出资是严重侵蚀公司资本的行为，实践中，有的股东采取各种方式抽逃其出资，这些行为往往具有复杂性、模糊性和隐蔽性等特点。本案中，首先，股东出资资金从公司转移至第三人时，第三人并未向公司交付等值的资产或权益。公司财务记录虽记为"其他往来"，但其实第三人与公司并未有真正的、公平的业务往来，也无有关的合同、发票、汇款单据进行佐证。其次，转出资金的数额与股东出资的数额相吻合，且在完成验资程序后随即转入第三人银行账户。股东这一行为减少了公司的财产，破坏了公司的运营和盈利能力，虽已经过验资程序，但该出资并未为公司的运营提供物质基础，也并未使用出资进行生产经营。因此结合该行为的内容、方式、发生的时间等，认定股东抽逃出资的事实并无不当。

（2）法条链接。

《最高人民法院关于适用〈中华人民共和国公司法〉若干问题的规定（三）》第十四条规定，股东抽逃出资，公司或者其他股东请求其向公司返还出资本息、协助抽逃出资的其他股东、董事、高级管理人员或者实际控制人对此承担连带责任的，人民法院应予支持。

公司债权人请求抽逃出资的股东在抽逃出资本息范围内对公司债务不能清偿的部分承担补充赔偿责任、协助抽逃出资的其他股东、董事、高级管理人员或者实际控制人对此承担连带责任的，人民法院应予支持；抽逃出资的股东已经承担上述责任，其他债权人提出相同请求的，人民法院不予支持。

案例六　马某源诉 A 证券、B 证券一般取回权纠纷案

【案件基本信息】

1. 裁判文书字号

最高人民法院（2021）最高法民再 56 号

2. 案由：一般取回权纠纷

3. 当事人：

原告（上诉人、再审被申请人）：马某源

被告（被上诉人、再审申请人）：A 证券、B 证券

【基本案情】

2000 年 9 月 27 日，马某源在上海证券交易所开立了 A19×××6 股票账户和 10×××9 资金账户，存入资金进行股票买卖。2001 年 5 月 8 日，在未提供马某源授权的情况下，A 证券撤销指定交易，将马某源证券账户

中的三只股票（代号及股数分别为6××××3、3500股，转入日收盘价12.44元；6××××0、3500股，转入日收盘价18.46元；6××××4、5000股，转入日收盘价18.86元，价值共计202 450元）办理指定交易到王某的10×××2资金账户下。2001年5月11日前，上述三只股票被全部卖出。

2003年，证监会撤销A证券，并指定B证券托管A证券证券业务及所属营业部。上述王某10×××2资金账户认定为配资账户，即王某的10×××2资金账户是问题账户。2008年10月10日，法院受理A证券清算组提出的A证券破产清算申请。马某源起诉请求判令A证券返还属于其所有的A19×××6股票账户内的现有股票；判令A证券、B证券赔偿马某源损失，包括上述三只股票市值202 450元，以及从2001年5月8日至起诉之日的利息219 089元，总计421 539元。

【案件焦点】

A证券在未取得马某源授权的情况下，擅自处分马某源证券账户项下的三只股票，他人已善意取得股权，相应价金能否取回？

【法院裁判要旨】

一审法院审理认为：本案中，案涉三只股票已被售出，马某源行使一般取回权的前提已不存在。马某源如认为A证券违规操作的行为侵害了其合法权益，应当就其权益损失向A证券管理人申报债权，而非诉讼主张侵权赔偿。B证券于2003年12月至2004年4月对A证券的证券业务及所属证券营业部进行托管，案涉三只股票早于托管期间被处置，故马某源诉请由B证券赔偿损失依据不足。

一审判决：驳回马某源的诉讼请求。

马某源不服一审判决，提起上诉。

二审法院审理认为：马某源要求行使一般取回权符合法律规定，一审判决适用法律不当。主要理由如下：首先，依照《企业破产法》第三十八条规定："人民法院受理破产申请后，债务人占有的不属于债务人的财产，该财产的权利人可以通过管理人取回。但是，本法另有规定的除外。"据此，马某源的诉讼请求是否能够得到支持，应明确破产企业是否占有了马某源的财产。本案中，该账户内股票（代号及股数分别为6××××3、3500股，转入日收盘价12.44元；6××××0、3500股，转入日收盘价18.46元；6

××××4、5000 股，转入日收盘价 18.86 元，价值共计 202 450 元）本为马某源所有的财产权益，在 2001 年 5 月 8 日，当 A 证券未经马某源授权，办理指定交易到王某资金账户下时，马某源即失去了对该财产的控制，且由王某的 10××××2 资金账户认定为配资账户可见，A 证券在该时间即取得了对案涉财产的占有，并且该占有结果的发生，并非基于双方对合同约定之履行。虽然在 A 证券占有行为实施的当时，该财产为股票，但该股票所对应的货币数额已经确定，且该货币数额与三只股票的指向关系亦为特定，因此，应当认定 A 证券占有了不属于其的财产权益，该财产的权利人马某源依照前述法律规定要求对 202 450 元行使取回权于法有据。B 证券为 A 证券的托管方，其实际掌控着包括案涉资金在内的财产，因此其亦负有返还义务。其次，因马某源在本案中所提起系取回权之诉，其取回之范围应限于被破产企业占有之财产。由上述可见，马某源的财产权益针对的对象是该三只股票及其对应的特定价值。该股票本身并未产生孳息，马某源主张股票价值所对应之货币被占用所产生的损失，并不属于取回权范畴，一审法院告知其申报债权并无不当。马某源的该项上诉请求，该法院不予支持。

二审判决：判决撤销一审判决，A 证券、B 证券于判决生效之日起十日内返还马某源 202 450 元。

最高人民法院审理认为，《企业破产法》第三十八条规定："人民法院受理破产申请后，债务人占有的不属于债务人的财产，该财产的权利人可以通过管理人取回。但是，本法另有规定的除外。"取回权是破产法规定的一项权利，其基础是民法上的返还原物请求权，以取回权标的物仍客观存在为前提。根据《最高人民法院关于适用〈中华人民共和国企业破产法〉若干问题的规定（二）》第三十条规定，如果标的物在破产申请受理前已经被违法转让给第三人，且该第三人已善意取得所有权，则原权利人不能再行使取回权，其因财产损失形成的债权只能作为普通债权清偿。本案中，A 证券在未取得马某源授权的情况下，擅自处分马某源证券账户项下的三只股票，他人已善意取得股权，故马某源不能再取回其账户中原有的上述三只股票。即便转让取回权标的物所得的价金可以由原权利人取回，也应满足该价金尚未交付给债务人，或者虽已交付给债务人但能与债务人财产予以区分这一前提条件。本案中，处分马某源三只股票所得的价款进入了王某 10××××2 资金账户，且已与账户内的其他资金混同，不符合上述条件。综合考虑前述情形，马某源行使取回权的基础已不存在，二审判决支持马某源有关取回案涉三只股票市值的诉讼请求，适用法律错误，应予纠正。马某源虽无法行使一般取回权，但不影响其向 A 证券主张损害赔偿或者不当得利之债，在 A 证券已进入破产清算程序的情况下，马某源可以依据《企业破产法》第四十四条的规定向 A 证券破产管理人申报债权。

马某源的股权被 A 证券通过违规操作无权处分时，B 证券尚未托管 A 证券的证券业务及所属证券营业部。在马某源未举证证明 B 证券在托管 A 证券期间存在违反上述《证券公司风险处置条例》规定的法定职责从而导致其财产损失的情况下，二审判决判令 B 证券承担返还责任于法无据，本院予以纠正。如马某源有证据证明 B 证券等相关当事人违反法定义务导致其财产损失，可另行主张权利。据此，最高人民法院判决撤销二审判决，维持一审判决。

【提示】

（1）取回权的行使应以标的物仍客观存在或相应价款特定化为前提。如果标的物在破产申请受理前已经被违法转让给第三人，且该第三人已善意取得所有权，则原权利人不能再行使取回权。即便转让取回权标的物所得的价金可以由原权利人取回，也应满足该价金尚未交付给债务人，或者虽已交付给债务人但能与债务人财产予以区分这一前提条件。

（2）法条链接。

《中华人民共和国企业破产法》第三十八条规定，人民法院受理破产申请后，债务人占有的不属于债务人的财产，该财产的权利人可以通过管理人取回。但是，本法另有规定的除外。

《最高人民法院关于适用〈中华人民共和国企业破产法〉若干问题的规定（二）》第三十条规定，债务人占有的他人财产被违法转让给第三人，依据《民法典》第三百一十一条的规定，第三人已善意取得财产所有权，原权利人无法取回该财产的，人民法院应当按照以下规定处理：（一）转让行为发生在破产申请受理前的，原权利人因财产损失形成的债权，作为普通破产债权清偿；（二）转让行为发生在破产申请受理后的，因管理人或者相关人员执行职务导致原权利人损害产生的债务，作为共益债务清偿。

案例七 A公司管理人诉颜某聪、B公司破产撤销权纠纷案

【案件基本信息】

1. 裁判文书字号

重庆市第五中级人民法院（2021）渝05民初3960号

2. 案由：破产撤销权纠纷

3. 当事人：

原告：A公司管理人

被告：颜某聪、B公司

【基本案情】

2016年10月1日，颜某聪与B公司签订《商铺租赁合同》。合同约定，颜某聪将其所有的187号2-56的房屋出租给B公司使用。2020年6月23日，受新冠肺炎疫情影响，颜某聪与B公司、A公司签订《商铺（写字楼）租赁合同补充协议》。补充协议约定，颜某聪免收B公司2020年5月1日起至2022年4月30日止原合同月租金20%的租金，B公司将上述租金转给A公司为对价，A公司对B公司2020年3月1日起至2022年4月30日期间应付给颜某聪的全部租金提供连带责任保证。自2020年5月1日起，若B公司连续三个月未能按期支付租金给颜某聪，A公司为B公司应付而未付给颜某聪的当期租金承担连带责任保证。

2020年7月30日，法院裁定受理A公司破产清算一案，并指定管理人。A公司管理人认为，A公司做出的担保行为发生在本院受理A公司破产前一年内，且以明显不合理的价格进行交易，该担保行为依法应予撤销。而后管理人将本案所涉纠纷诉至法院。

【案件焦点】

债务人为他人提供保证担保的行为，是否构成《企业破产法》第三十一条规定的可撤销的五种情形之一，即A公司为B公司向颜某聪提供保证担保的行为是否属于破产可撤销行为。

【法院裁判要旨】

法院审理认为：A公司为B公司向颜某聪提供保证担保的行为，造成

A 公司责任财产减少,符合《企业破产法》第三十一条第一项规定的"无偿转让财产"的情形。无偿转让财产的财产对象及范围不仅指有形财产的无偿转让,还包括债务人为他人提供保证担保,因承担保证责任造成债务人财产实际减少的情形。管理人依据《企业破产法》第三十一条规定申请撤销的,人民法院应予支持。

判决:撤销 A 公司根据 2020 年 6 月 23 日签订的《商铺(写字楼)租赁合同补充协议》为 B 公司向颜某聪提供保证担保的行为。

【提示】

(1)《企业破产法》第三十一条规定,对没有财产担保的债务提供财产担保的,管理人有权请求撤销,但未明确为他人提供保证是否属于撤销范围。本案系管理人撤销破产申请受理前一年内为他人提供保证的破产撤销权案例,从目的解释角度认为管理人请求撤销符合企业破产法的立法精神,对管理人依法行使破产撤销权具有指引作用。第一,明确破产法作为特别法,更加注重全体债权人公平受偿。撤销债务人的担保行为,虽不能直接增加债务人财产,但可以防止债务人因承担担保责任而导致财产减少,显然有利于一般债权人的受偿利益。第二,强调虽然撤销债务人担保行为确实会损害被担保人的利益,但撤销权就是在平衡个别债权人利益、交易相对人利益与一般债权人利益的基础上产生的,被担保人在一般债权人利益面前作出让步具有合理性。第三,支持撤销债务人在破产申请受理前一年内,为资不抵债第三人提供的保证,可防止企业欺诈行为,进而防止破产财产减少,符合《企业破产法》第三十一条规定的可以撤销行为的立法目的。因此,债务人在破产申请受理前一年内为他人提供保证,管理人可以行使破产撤销权。

(2)法条链接。

《中华人民共和国企业破产法》第三十一条规定,人民法院受理破产申请前一年内,涉及债务人财产的下列行为,管理人有权请求人民法院予以撤销:(一)无偿转让财产的;(二)以明显不合理的价格进行交易的;(三)对没有财产担保的债务提供财产担保的;(四)对未到期的债务提前清偿的;(五)放弃债权的。

四、企业破产中的民事风险规制对策

在国家推进供给侧结构性改革、优化营商环境背景下,加之国内外市场与经贸形势的变化,我国部分企业陷入严重的经营与债务困境,因资不抵债,不能清偿到期债务而进入破产清算程序。

本部分分别从企业和债权人角度探讨企业破产中的民事风险,并积极探寻破解之道。

(一)企业陷入经营困境阶段至进入破产程序阶段的民事风险规制

1. 企业陷入经营困境阶段

当企业进入经营困境,不能清偿到期债务,并且资产不足以清偿全部债务或者明显缺乏清偿能力时,债务人相关人员应当最大限度确保企业财产保值增值,严禁不当减损企业财产的行为发生。根据《企业破产法》第三十一条规定,在人民法院受理破产申请前一年内,债务人无偿转让财产、以明显不合理的价格进行交易、对没有财产担保的债务提供财产担保、对未到期的债务提前清偿或者放弃债权,损害债权人利益的,管理人或债权人均有权请求人民法院予以撤销,并要求债务人的法定代表人和其他直接责任人员承担赔偿损失的责任。因此,无论是危困企业处置财产,还是与危困企业发生交易往来,均要依法合规进行,避免造成不必要的损失。

首先,企业的董事、监事和高级管理人员利用职权从企业获取的非正常收入和侵占的企业财产,破产管理人应当追回。董事、监事、高级管理人员的非正常收入的范围主要包括以下三个方面:第一,绩效奖金。对企业的董事、监事、高级管理人员而言,绩效奖金应当是与整个企业的利润挂钩的,在债务人面临破产的情形下,不存在向职工发放绩效奖金的基础,如果企业的董事、监事、高级管理人员仍然利用职权发放绩效奖金,显然与破产法的立法精神是违背的。第二,在普遍拖欠职工工资情况下获取的工资性收入。当企业出现破产原因时,有可能会普遍拖欠职工的工资,在这种情况下,债务人的董事、监事、高级管理人员仍然获取工资性收入,显然有违常理,管理人可以直接将其定性为"非正常收入",有权予以追回。第三,其他非正常收入。《最高人民法院关于适用〈中华人民共和国企业破产法〉若干问题的规定(二)》第二十四条作为企业董事、监事、高级管理人员获取"非正常收入"的兜底条款，有利于保护债权人的利益，防止债务人的董事、监事、高级管理人员滥用职权获取不合理的收入。

如何认定董事、监事和高级管理人员从企业获取的非正常收入？董事、监事和高级管理人员利用职权或利用职务上的便利，"从企业获取的非正常收入"，管理人应当追回。但如果债务人的董事、监事和高级管理人员利用职权或利用职务上的便利，从企业之外获取的非正常收入，管理人无权依据《企业破产法》第三十六条规定追回。所谓非正常收入，是相对于正常收入而言。如果债务人的董事、监事和高级管理人员从债务人处获取的与职务有关的收入，明显超出其他企业董事、监事和高级管理人员在同样工作条件下的正常收入，则明显超出部分的收入，有可能被管理人认定为"从企业获取的非正常收入"，并被管理人追回。例如，过高的工资、过高的奖金或过高的业绩提成等，都有可能被管理人认定为非正常收入。管理人具体判断一笔收入是否为非正常收入，不取决于债务人董事会或股东会是否对此已确认，只取决于该笔收入是否正常合理。违反财务制度的收入必然认定为非正常收入。

管理人认为债务人的董事、监事和高级管理人员利用职权或利用职务上的便利从企业获取非正常收入的，管理人应当要求获取人将所获取的非正常收入返还给管理人。如拒绝返还或对管理人的要求持有异议的，管理人应当以自己名义向法院提起对该获取人的诉讼，请求法院判决该获取人向管理人返还非正常收入，并纳入企业破产财产中。

其次，2014年3月开始，注册资本实缴登记制改为注册资本认缴制，自此公司在设立过程中可自行约定股东实际缴纳注册资本的时间和金额，这一转变有利于个体创业、信用体系建立和资源配置方式的优化，但认缴资本额高、出资时间长、"认"而"不缴"的现象开始频现。

基于对公司和债权人利益的保护，《企业破产法》第三十五条对此设置了"安全阀"，即进入破产或清算程序的股东，其出资义务加速到期，管理人应当要求出资人缴纳所认缴的出资，而不受出资期限的限制。不管资本制度如何宽松，出资仍然是股东最为基本的义务，这既是章程所确定的一种约定义务，又是一种法定义务。

实践中，往往出现未实缴出资的股东转让股权这一情形，当企业已出现经营困难，股东通常通过转让股权这一方式"金蝉脱壳"，但依据目前法院的裁判观点,在公司具备破产原因的情况下,股东将未出资的股权进行转让,明显具有逃避发起人资本充实责任的故意,造成公司债权无法清偿,故认定股权转让方应对现股东的出资义务承担连带责任。另外,实务中,基于公司发起人的资本充实责任,管理人起诉要求已实缴注册资本的发起人股东对未实缴部分承担连带责任的相关诉讼,一般而言,法院会依据上述法律规定判决由发起人与被告股东承担连带责任。

在企业运行过程中,资本是公司的血脉,是公司赖以存在的物质基础,也是其对外承担责任的信用保障,因此资本维持原则是公司制度中最重要的原则之一,禁止股东抽逃出资是公司资本维持原则最直接的应用范例。《公司法司法解释(三)》列举了四种抽逃出资的情形,实践中抽逃出资的行为花样百出、形态各异。如股东从公司转出资金依据不充分或者不能明确说明资金支出理由以及具有相应证据,从形式上构成抽逃出资的行为,该行为在损害公司利益的前提下,应当被认定为抽逃出资。再如河南高院在(2021)豫民终1034号案件中认为,雏鹰公司将一笔资金,循环多次投入到泰元公司,虚增增资数额,随后此笔资金流入第三方深圳泽赋基金,雏鹰公司又以第三方股东的身份以减资的名义将资金收回,虽然第三方深圳泽赋基金召开合伙人会议,决议退还出资款,雏鹰公司也公告了减资事宜,但因最终收回的款项发生在上述增资款的循环流转中,并非实质来源于深圳泽赋基金,且此减资也未在国家企业信用信息公示系统作变更登记,应当认为雏鹰公司从深圳泽赋基金收回的资金并非是减资款,上述收回资金的行为属于抽逃资金。

抽逃出资的股东需要承担相应的民事责任,其中包括抽逃出资的股东向公司返还出资本息的责任。依据《公司法司法解释三》第十四条第一款的规定,股东抽逃出资的,公司或者其他股东有权请求其向公司返还出资本息。并且抽逃出资的股东在抽逃出资本息范围内对公司债务不能清偿的部分承担补充赔偿责任。按照《公司法司法解释三》第十四条第二款的规定,公司债权人有权请求抽逃出资的股东在抽逃出资本息范围内对公司债务不能清偿的部分承担补充赔偿责任。但抽逃出资的股东已经承担上述责任的,其他债权人不能再提出相同请求。协助抽逃出资的其他股东、董事、高级管理人员或者实际控制人对上述(一)和(二)的责任承担连带责任。因抽逃出资属于侵犯公司财产权的行为,依据共同侵权责任的法理,协助抽逃出资的人员作为共同侵权人，应承担连带责任。常见的协助人员包括其他股东、董事、高级管理人员或实际控制人等。按照《公司法司法解释三》规定，协助抽逃者对上述（一）和（二）中的责任承担连带责任。《公司法司法解释三》第十八条规定："有限责任公司的股东未履行或者未全面履行出资义务即转让股权，受让人对此知道或者应当知道，公司请求该股东履行出资义务、受让人对此承担连带责任的，人民法院应予支持；公司债权人依照本规定第十三条第二款向该股东提起诉讼，同时请求前述受让人对此承担连带责任的，人民法院应予支持。"建议股权受让方对股权转让方是否存在抽逃出资的行为进行合理谨慎的核查，否则有可能对原股东抽逃出资的行为承担连带责任。

再次，企业进入破产程序前6个月内，对个别债权人进行清偿的行为无效。因为破产程序开始后，所有债权应当通过破产程序按比例清偿，同一顺位受偿的所有债权人地位平等，破产企业对个别债权自动履行、个别债权人通过其他方式取得破产企业财产等获得清偿的行为有违公平原则。该规定中的破产企业清偿，指用破产企业财产完成的清偿，并不限于破产企业本身的清偿行为，对于债权人直接扣押财产等偿债行为，虽非出自破产企业自主行为，但处分了破产企业财产，亦违背公平受偿原则，损害了其他债权人的合法权益，仍应适用该规定判定无效。

需要注意的是，个别清偿的行为并非一律无效。《企业破产法》第三十二条规定：人民法院受理破产申请前六个月内，破产企业有本法第二条第一款规定的情形，仍对个别债权人进行清偿的，管理人有权请求人民法院予以撤销。但是，个别清偿使破产企业财产受益的除外。实践中对于"使债务人财产受益"的判断没有统一标准，需在整体利益与个别利益的维护之间进行权衡，评估对债务人财务状况的影响，对交易行为的合理性进行综合判断。《最高人民法院关于适用〈中华人民共和国企业破产法〉若干问题的规定（二）》第十六条对"个别清偿使破产企业财产受益"的情形，进行了列举式的规定：①破产企业为维系基本生产需要而支付水费、电费等的；②破产企业支付劳动报酬、人身损害赔偿金的；③使破产企业财产受益的其他个别清偿。不难看出，《企业破产法》为了最大程度保护债权人，对于会减少债务企业财产的个别清偿效力予以否定，但不同主体发现个别清偿行为的处理方式并不相同。

最后，企业在破产申请受理前的法定期间内进行的欺诈债权人或损害全体债权人公平清偿的行为，管理人有申请法院予以撤销并追回财产的权利。破产撤销权的第一类是欺诈行为，主要包括：无偿转让财产的、以明显不合理的价格进行交易的、放弃债权的。第二类是偏颇性清偿行为，主要包括：对未到期的债务提前清偿；对没有财产担保的债务提供财产担保；危机期间的个别清偿行为，即《企业破产法》第三十二条所规定的情形。破产撤销权的时间条件为人民法院受理破产申请前一年内。撤销债务人清偿到期债务应具备三个条件：① 时间条件：该清偿行为发生在人民法院受理破产申请六个月内；② 债务人资产条件：债务人清偿时已经出现不能清偿到期债务，并且资产不足以清偿全部债务或明显缺乏清偿能力；③ 后果条件：该行为没有使债务人的财产受益。

2. 企业进入破产程序阶段

企业破产程序的启动意味着企业可能通过破产清算程序退出市场或者通过破产和解、重整程序进行挽救予以存续，不同于普通的诉讼程序，破产程序一旦启动，非法定事由不可逆转。根据法律规定，在人民法院受理破产申请前，申请人可以请求撤回申请，在人民法院受理破产申请后，除非人民法院经审查认为债务人不符合破产条件裁定驳回破产申请，否则申请人申请撤回破产申请，不予准许。因此，对于破产程序的启动应当慎之又慎。

债务人申请破产的，人民法院经审查发现债务人隐匿、转移财产逃避债务的，应裁定不予受理；人民法院受理破产申请后发现债务人隐匿、转移财产逃避债务的，或发现债务人巨额财产下落不明且不能合理解释财产去向的，可以裁定驳回破产申请，也可以由管理人及时行使职权追回债务人财产，并依法追究债务人股东、实际控制人或相关人员侵犯公司财产权益的赔偿责任，追回的财产属于债务人财产；情节严重的，可能会被追究刑事责任。

当企业进入破产清算程序后，破产企业法定代表人、财务管理人员和其他经营人员在企业破产期间负有认真忠实配合人民法院和管理人工作的义务，要根据人民法院传唤列席债权人会议，如实回答询问，违反该规定可能会被拘传或者处以罚款；未经人民法院许可离开住所地的，可能会受到训诫、拘留、罚款等处罚。

如果发生以下情形，破产企业的董事、监事、高级管理人员还应承担民事责任。《公司法司法解释（二）》第十八条第二款规定：有限责任公司的股东、股份有限公司的董事和控股股东因怠于履行义务，导致公司主要财产、账册、重要文件等灭失，无法进行清算，债权人主张其对公司债务承担连带清偿责任的，人民法院应依法予以支持。《公司法司法解释（二）》第十八条第一款规定：有限责任公司的股东、股份有限公司的董事和控股股东未在法定期限内成立清算组开始清算，导致公司财产贬值、流失、毁损或者灭失，债权人主张其在造成损失范围内对公司债务承担赔偿责任的，人民法院应依法予以支持。《公司法司法解释（二）》第十九条规定：有限责任公司的股东、股份有限公司的董事和控股股东，以及公司的实际控制人在公司解散后，恶意处置公司财产给债权人造成损失，或者未经依法清算，以虚假的清算报告骗取公司登记机关办理法人注销登记，债权人主张其对公司债务承担相应赔偿责任的，人民法院应依法予以支持。《公司法司法解释（二）》第二十条规定：公司解散应当在依法清算完毕后，申请办理注销登记。公司未经清算即办理注销登记，导致公司无法进行清算，债权人主张有限责任公司的股东、股份有限公司的董事和控股股东，以及公司的实际控制人对公司债务承担清偿责任的，人民法院应依法予以支持。公司未经依法清算即办理注销登记，股东或者第三人在公司登记机关办理注销登记时承诺对公司债务承担责任，债权人主张其对公司债务承担相应民事责任的，人民法院应依法予以支持。

因此，破产企业的相关人员应当在收到人民法院受理破产裁定后，在人民法院指定期限内向人民法院提交真实的财产状况说明、债权债务清册、有关财务会计报告以及职工工资的支付情况和社会保险的缴纳情况，向管理人移交财产、印章和账簿、文书等资料，拒不提交或者提交不真实资料，伪造、销毁有关财产证据材料而使财产状况不明的，人民法院可以对直接责任人员依法处以罚款。

当企业进入破产程序，并不意味着企业将退出市场舞台。企业的管理人员可以通过寻找投资人进入重整程序，或者与债权人达成和解，实现企业新生。

（二）债权人面对破产企业的法律风险防范

以企业法律形式为标准，即根据产权形式、责任承担形式和组织形式的不同，我国企业可分为个人独资企业、合伙企业和公司企业三种典型的企业法律形式。当债务人企业性质为有限责任公司或股份有限公司，只有存在公司财产混同等法律规定特殊情形，才可向相关股东追偿，否则债权人只能向公司追偿。而当债务人企业性质为普通合伙企业或个人独资企业，我国相关法律规定出资人要对企业债务承担连带责任，此时企业合伙人要对企业债务承担无限责任，债权人行使追偿权利。

企业进入破产程序并不意味着债权人债权的实现将变得希望渺茫，在某些情况下，破产程序亦是实现债权的较好途径。如对于一些享有特殊资质的债务人（如享有专属经营权、其他特殊资质要求的公司或品牌等无形资产价值较大的企业），债权人申请其破产，债务人的股东为了保留公司主体，很可能会主动地向债权人清偿债务。又如一些久拖不结的执行案件，通过破产程序对债务人财产进行清理、变现，可能会较快地清偿债务。总体来说，企业陷入经营困境阶段至进入破产程序后，债权人可从以下方面维护自身权利，提高受偿率。

1. 及时关注企业经营状况，适时申请法院裁定受理企业进入破产、重整等程序

当债务人企业经营出现长期亏损、股东分崩离析、财产减少、转移或灭失等不良情况时，债权人应该及时介入，并运用法律武器保护自身权益。《企业破产法》第七条规定，债务人有本法第二条规定的情形，可以向人民法院提出重整、和解或者破产清算申请。债务人不能清偿到期债务，债权人可以向人民法院提出对债务人进行重整或者破产清算的申请。企业法人已解散但未清算或者未清算完毕，资产不足以清偿债务的，依法负有清算责任的人应当向人民法院申请破产清算。因此，债权人当然可以作为企业破产的申请人。

2. 通过合法合理的方式确保债务人财产价值最大化

债务人财产价值最大化是指不仅要保护债务人的现有财产不受损失，更要在现有财产基础上做增量增值。

（1）决定继续或者停止债务人的营业。

《企业破产法》第六十一条规定，债权人会议行使下列职权：（一）核查债权；（二）申请人民法院更换管理人，审查管理人的费用和报酬；（三）监督管理人；（四）选任和更换债权人委员会成员；（五）决定继续或者停止债务人的营业；（六）通过重整计划；（七）通过和解协议；（八）通过债务人财产的管理方案；（九）通过破产财产的变价方案；（十）通过破产财产的分配方案；（十一）人民法院认为应当由债权人会议行使的其他职权。债权人会议应当对所议事项的决议作成会议记录。因此，债权人会议一项重要的职权即决定继续或者停止债务人的营业。实务中，当债务人进入破产程序时，多数处于停止经营状态或非正常经营状况，需综合考虑债务人业务领域的现状、行业前景、市场份额、经营收益、资质维护，综合分析后评判对债务人的整体财产价值最大化是否有益，如果有益则可以考虑继续营业，甚至优化经营，尤其在债务人非清算程序下，债务人的营业保护很有必要。

（2）做好债务人的财产管理监督工作。

管理人负责接管和处置债务人的财产。实务中，主要靠管理人和债务人留守人员做好债务人的财产管理工作，管理人亦会拟定债务人财产管理方案提交债权人会议表决。作为债权人，我们应该关注管理人的财产管理方案是否合法、合理。

同时，根据《最高人民法院关于适用〈中华人民共和国企业破产法〉若干问题的规定（三）》第十五条的规定，管理人处分企业破产法第六十九条规定的债务人重大财产的，应当事先制作财产管理或者变价方案并提交债权人会议进行表决，债权人会议表决未通过的，管理人不得处分。

（3）选取最优的财产处置方案。

根据2018年《全国法院破产审判工作会议纪要》相关规定，破产财产处置应当以价值最大化为原则，兼顾处置效率。人民法院要积极探索更为有效的破产财产处置方式和渠道，最大限度提升破产财产变价率。目前常见的资产变价方式主要是拍卖，但采用拍卖方式进行处置的，拍卖所得预计不足以支付评估拍卖费用，或者拍卖不成的，经债权人会议决议，可以采取作价变卖或实物分配方式。作为债权人就需要审核管理人提交的作价变卖程序是否公开公平。当然，作价变卖或实物分配的方案经债权人会议两次表决仍未通过的，由人民法院裁定处理。

3. 优先债权人可以行使别除权

破产别除权，又称破产优先受偿权，是指在破产程序开始前就债务人特定财产设定了担保的权或享有法定优先权的债权人，在破产程序开始后可不依破产分配程序优先就该特定财产优先受偿的权利。我国并未直接使用别除权的概念，仅在《企业破产法》第一百零九条进行了规定："对破产人的特定财产享有担保权的权利人，对该特定财产享有优先受偿的权利。"最高人民法院的案由规定中，"与破产有关的纠纷"中亦有"别除权纠纷"案由。别除权以担保制度为基础。同时，法律还规定了除担保债权之外的其他法定优先权，如消费性购房者优先权、建筑工程承包人对建筑工程款的优先受偿权、拍卖划拨的国有土地使用权所得价款对抵押权人的优先受偿权、《海商法》中船舶优先权、《民用航空法》中民用航空器优先权等。部分法定优先权还优先于担保债权。

《企业破产法》仅规定了在破产重整程序中，有财产担保的债权暂停行使，有条件的恢复行使。私法领域"法无明文禁止即可为"，在破产清算、破产和解程序中，有财产担保的债权并不需要暂停行使，而是可以随时要求实现担保权。该观点在 2018 年《全国法院破产审判工作会议纪要》（法〔2018〕53 号）中得到了最高人民法院的重申，《九民纪要》第 25 条规定："在破产清算和破产和解程序中，对债务人特定财产享有担保权的债权人可以随时向管理人主张就该特定财产变价处置行使优先受偿权，管理人应及时变价处置，不得以须经债权人会议决议等为由拒绝。但因单独处置担保财产会降低其他破产财产的价值而应整体处置的除外。"因此，从破产规范性文件规定和人民法院审理破产案件的统一口径来看，破产清算、破产和解中的担保权人要求及时实现担保权的主张应能够得到支持。

但在重整程序中，如果不加区别的均可以随时由担保权人实现担保权，拍卖、变卖担保物，则可能导致重整程序很快失败，根据《企业破产法》第七十五条规定，在重整期间，对债务人的特定财产享有的担保权暂停行使。

这也不意味着担保权永远无法行使，在满足一定条件下可以恢复行使，主要是通过两种方式启动：

第一种是担保权人被动得到恢复，即由管理人或自行管理的债务人对该担保物是否为本案重整所必需进行判断，如为所必需，则决定不恢复担保权的行使，如非所必需，则恢复担保权的行使，拍卖、变卖担保物后用于对应债权的清偿。《九民纪要》第 112 条第一款虽规定该规则，但对于管理人或自行管理人的债务人的判断时间为"及时"、处置财产的时间为"及时"以及没有阐述判断标准，在司法实践中有很大的解释空间，不利于统一操作。

第二种是担保权人主动向人民法院申请恢复行使担保权，依据《企业破产法》第七十五条规定，"担保物有损坏或者价值明显减少的可能，足以危害担保权人权利的"的情形，人民法院收到申请后 30 日内进行审查，作出是否同意恢复行使的裁定。人民法院经审查，认为不存在上述情形，应裁定不予批准恢复行使；认为存在上述情形，但管理人或者自行管理的债务人有证据证明担保物是重整所必需，并且提供与减少价值相应担保或者补偿的，应裁定不予批准恢复行使。

4. 督促管理人追收债务人资产

（1）督促管理人追回破产企业被不当处置和侵占的财产。

为了防止债务人财产受到损害，企业破产法赋予管理人对债务人财产的追回权，通过管理人行使追回权，可以使债务人财产增加，从而保护债权人利益。管理人有权对债务人的以下财产行使追回权：

① 对人民法院受理破产申请前 1 年内，因下列行为而取得的债务人的财产，管理人有权追回：无偿转让财产的；以明显不合理的价格进行交易的；对没有财产担保的债务提供财产担保的；对未到期的债务提前清偿的；放弃债权的。

② 对人民法院受理破产申请前 6 个月之内，债务人已经不能清偿到期债务，并且资产不足以清偿债务或者明显缺乏清偿能力，需要依法清理债务，却进行个别清偿的财产，管理人有权追回。

③ 对因涉及债务人财产的下列无效行为而取得的债务人的财产，管理人有权追回：为逃避债务而隐匿、转移财产的行为；虚构债务或者承认不真实的债务的行为。

④ 对债务人的董事、监事和高级管理人员利用职权从企业获取的非正常收入和侵占的企业财产，管理人有权追回。

⑤ 督促管理人向股东追缴出资。

《企业破产法》第三十五条规定："人民法院受理破产申请后，债务人的出资人尚未完全履行出资义务的，管理人应当要求该出资人缴纳所认缴的出资，而不受出资期限的限制。"人民法院受理破产申请后，如果债务人企业的出资人此时尚未履行或未完全履行其出资义务的，不论出资人的出资期限是否到期，管理人都应当要求出资人缴纳其所认缴的出资。债务人企业的出资人履行出资义务所缴纳的价款或物品，应当列入债务人企业的破产财产。

如前所述，除查询工商内档外，还可通过查询企业银行账户流水核实是否存在虚假出资、抽逃出资的情形。

（2）督促管理人追收债权人应收账款。

破产企业对外享有的债权由破产管理人负责清收，破产程序终结后发现有破产财产的，仍由破产管理人清收。破产企业的债权人可以向管理人提供线索，督促管理人向破产企业的债务人清收账款。管理人对外清收账款的诉讼等成本从破产财产中支出。

因债务人员工对企业经营期间产生的应收账款比较了解，可以由管理人聘请原公司员工配合进行催收，甚至可以由管理人聘请专业清收团队对债务人的应收账款进行清收，以达到增加企业破产财产的最终目的。

5. 督促管理人向股东追究不配合清算的责任

如企业出现清算事由后，有限责任公司的股东、股份有限公司的董事和控股股东未在法定期限内成立清算组开始清算，导致公司财产贬值、流失、毁损或者灭失，债权人可向清算责任人主张赔偿责任。

在企业破产程序中，如因股东、高管、实际控制人的原因未配合管理人提供账册、重要文件资料或造成灭失，造成无法清算或者不能完全清算的，相关责任主体应承担连带清偿责任。

对于上述情形，根据《企业破产法》第一百二十八条、《最高人民法院关于适用〈中华人民共和国公司法〉若干问题的规定（二）》第十八条和《最高人民法院关于债权人对人员下落不明或者财产状况不清的债务人申请破产清算案件如何处理的批复》第三条的相关规定，相关责任主体应承担赔偿责任。

需要说明的是，2015年《深圳市中级人民法院破产案件审理规程》第八十四条亦明确规定："因账册、重要文件灭失，无法清算或无法全面清算的，承办法官应督促管理人提出终结破产程序申请，并在裁定书中列明无法清算或无法全面清算的原因，引导债权人追究债务人有关人员的责任。"实践中，深圳法院也是支持债权人在破产程序之外追究相关清算义务人的责任的，有些直接判决清算义务人对债务承担连带责任或赔偿责任。但根据《九民纪要》第 118 条及其释义的规定，由于相关主体不配合清算导致的债务人财产灭失，损失理论上属于债务人破产财产，应当由管理人依法追回后分配给全体债权人，不应在法院裁定终结破产程序后，由债权人个别进行追偿以实现其自身债权。为此，认为《最高人民法院关于债权人对人员下落不明或者财产状况不清的债务人申请破产清算案件如何处理的批复》第三条所说的"有关权利人起诉请求其承担相应民事责任"，系指管理人请求上述主体承担相应损害赔偿责任并将因此获得的赔偿归入债务人财产。管理人未主张上述赔偿，个别债权人可以代表全体债权人提起上述诉讼。

另外，根据《公司法司法解释二》的规定，上述相关责任主体为有限责任公司的股东、股份有限公司的董事和控股股东。而根据《民法总则》第七十条的规定，法人的董事、理事等执行机构或者决策机构的成员为清算义务人。如股东不作为执行机构或决策机构成员，则不用承担上述责任。为了保险起见，可将股东、法定代表人、董监高等一并视为清算义务人列为被告，请求承担相应责任。

6. 特殊情况下的恢复破产清算工作

根据《企业破产法》第一百二十二条规定，破产程序终结后，管理人在特定情况下，仍可作为权利救济的主体，开展追收破产财产、追加分配等善后事宜。

一是仍有可以追收的财产。包括：因撤销无偿转让财产、以明显不合理的价格进行交易、对没有财产担保的债务提供财产担保、对未到期的债务提前清偿、放弃债权等行为产生的可追加或可分配财产；撤销债务人在人民法院受理破产申请前六个月内对个别债权人进行清偿而追回的财产；追回债务人为逃避债务而隐匿、转移的财产及因认定为虚构债务或承认不真实的债务而追回的财产；追回债务人的董事、监事和高级管理人员利用职权从企业获取的非正常收入和侵占的企业财产等。

二是存在应当追加分配的财产。包括：破产程序中因纠正错误支出而收回的款项、因权利被承认追回的财产、债权人放弃的财产、破产程序终结后实现的财产权利、发现破产人有应当供分配的其他财产等。

7. 继续追究保证人和其他连带债务人责任

债务人破产并不免除在同一债务中提供保证的债务人和其他连带债务人的清偿责任。《企业破产法》规定，"债权人对债务人的保证人和其他连带债务人所享有的权利，不受重整计划的影响。""和解债权人对债务人的保证人和其他连带债务人所享有的权利，不受和解协议的影响。""破产人的保证人和其他连带债务人，在破产程序终结后，对债权人依照破产清算程序未受清偿的债权，依法继续承担清偿责任。"这些规定表明，破产案件终结并不影响保证人与其他连带责任人对债权人承担的责任。因此，在破产程序之中和终结后，对债权人依据破产清算程序未受到清偿的债权，破产人的保证人和其他连带债务人应当依法继续承担清偿责任，债权人对未受清偿的债权有权受到继续清偿。

综上，从企业陷入经营困境到进入破产程序，各方主体要依法审慎行使权利，妥善保护自身权益。

第三章 企业破产中的刑事风险及其规制

一、企业破产中的刑事法律风险概述

（一）企业刑事法律风险的内涵及防控必要性

1. 企业刑事法律风险的内涵

（1）企业刑事法律风险的概念。

在解读企业刑事法律风险的概念之前，我们首先应明确刑事法律风险的含义。刑事法律风险包括刑事犯罪法律风险和刑事被害法律风险。刑事犯罪法律风险是指行为人（包括单位和自然人）触犯刑事法律而承担不利的刑事法律后果与责任的可能性，刑事被害法律风险是指作为刑事案件的被害者承受伤害或者损失所面对的风险。其中，刑事犯罪法律风险单指行为人因自己的行为触犯刑事法律而承担不利的刑事法律后果与责任的风险，刑事被害法律风险单指被害方因他人的犯罪行为而承受伤害或者损失的风险。

因此，企业的刑事法律风险应当包括企业触犯刑事法和企业成为刑事被害人两种情形下的法律风险。由此可见，企业刑事法律风险既可源于企业触犯刑法关于企业的犯罪规定，也可因没有很好地防控来自外界的损害而被动招致。也就是说，一方面，刑事犯罪法律风险的引发者为企业，实际上需要由代表企业意志的企业工作人员实施；另一方面，刑事风险的实际承受者可能是企业，也可能是企业主管、风险行为的主要实施者，还有可能是企业及其相关责任人员。

（2）企业刑事法律风险的特征。

此处简要分析企业刑事法律风险的总体特征。

① 专业性。

现代企业分工日益精细化，工作的专业性日益加强，导致企业刑事法律风险的来源或犯罪的手段和方式方法也日趋专业化。虽然企业也可能存在如盗窃、侵占等传统型犯罪的法律风险，但这些类型已经渐失主导地位，而越来越多地表现为专业人员的高智商、高技能犯罪。企业内外部的法律风险都可能来自这些专业人员实施的犯罪，如知识产权、企业商业秘密、企业金融等方面的犯罪。现代企业技术的密集和管理的精细虽然提高了对"犯罪技能"的要求，有利于减少法律风险的发生，但也导致法律风险的防控难度加大。

② 关联性。

关联性是指刑事法律风险和其他风险紧密相关，不仅和自然风险、商业风险有一定联系，而且和民事、商事法律风险关系密切。因为，法律风险实质上是企业一切风险的最终表现形式，行为和事件的任何不利后果都要通过权利义务的产生、变更与终止表现出来，自然风险和商业风险都可能转化为法律风险，包括转化为严重的刑事法律风险。因此企业及其管理者应注意，凡事需有个度，越界的事情永远不要抱着侥幸心理去做。

③ 广泛性。

企业刑事法律风险的广泛性表现为刑事风险分布的范围非常广泛，风险来源非常广泛，从企业成立到企业日常运营以至企业的终止等各个环节，都可能存在刑事法律风险。可以说，企业就是与风险相伴而存的，每个因子都可能导致法律风险的发生。风险的广泛性要求企业加强各环节的风险管控，企业中的每个人都需要参与到风险防控的程序中来。因为，唯有广泛的防控才能真正管控住广泛的风险。

④ 危害后果的严重性。

现代企业法律风险一旦发生，导致的后果可能远超传统型风险。企业刑事法律风险相对于民商事法律风险来讲，尽管发生的可能性较小，但是一旦遭遇，危害后果最为严重，有时甚至会是不可弥补的灭顶之灾。企业实施的刑事犯罪的严重性一般远超自然人犯罪的严重性。这种严重性不仅表现为企业、个人和国家可能承受的打击或伤害会非常深刻且沉重，还表现为危害后果波及的范围可能非常广泛，导致出现一大片被害者，因此企业刑事犯罪并不是一种"无被害人的犯罪"。同时，危害后果的严重性还表现为，刑事法律风险一旦现实地发生，则存在非常大的救济问题。不仅难以救济，而且救济所需要投入的人力、物力也将是非常大的。

⑤ 可防可控性。

与自然风险、商业风险等其他风险不同，法律风险包括刑事法律风险都是可防可控的。这是因为法律风险的产生本就具有比较高的人为性，因而可以通过人力来防范和控制。实际上，只要重视法律风险并致力于不断完善和健全风险防控系统，企业刑事法律风险的可防可控性就会表现出来。

（3）企业刑事法律风险的分类。

对企业刑事法律风险进行分类有助于我们正确认识风险。当然，采用不同分类标准会得出不同的结果。

① 直接刑事法律风险与间接刑事法律风险。

按照企业刑事法律风险是否由法律因素引起进行分类，可将企业的刑事法律风险分为直接刑事法律风险与间接刑事法律风险。前者是指由法律因素引起的，或者因经营管理缺乏法律支持而带来的风险，如企业决策判断的过程中缺乏法律支持而导致的决策风险，企业管理体系中合同管理、知识产权管理、管理人法律意识欠缺而导致的管理风险，立法调整而导致的非经营风险。后者是指非由法律因素引起的而由其他因素或风险牵连引起的风险，如财务风险带来的刑事法律风险、企业经营失败可能引发的刑事责任。

② 内部刑事法律风险与外部刑事法律风险。

按企业风险因素的来源划分，可将企业的刑事法律风险分为内部刑事法律风险与外部刑事法律风险。所谓内部刑事法律风险，是指因企业战略决策、内部管控、经营行为等企业自身因素引发的法律风险。企业股东、管理人员或普通员工严重违反国家法律法规、公司风险监管制度或劳动合同及其他协议，都可能引发内部刑事法律风险。而外部刑事法律风险是指除本企业之外的其他企业、政府、事业单位等社会团体组织、个人等外部力量侵权、违约、行政违法、犯罪或违纪，故意或者过失侵害企业的合法权益，导致企业成为被害人的可能性。外部刑事法律风险相当于针对企业实施的犯罪行为给企业带来的法律风险。

③ 企业设立中、运行时、经营中、终止时的刑事法律风险。

按照企业刑事法律风险发生的环节或阶段来划分，可将企业的刑事法律风险分为企业设立中、运行时、经营中、终止时的刑事法律风险。因为不同环节或阶段的刑事风险各有不同，所以按此标准划分企业刑事法律风险，有利于我们分析不同环节或阶段风险的特征，并根据这些特征针对性地制定防范和控制这些风险的策略。比如，企业设立过程中的刑事风险一般包括虚报注册资本的风险，虚假出资、抽逃出资的风险；运行过程中的风险包括产品质量、知识产权、融资等方面的诸多风险。这些不同环节或阶段的风险各有不同，因而需要对症下药。

2. 我国企业刑事法律风险防控的现状及产生原因

企业刑事法律风险防控，指企业通过采取一系列思想上和行动上的举措，对企业存在的刑事法律风险进行防控，旨在实现有效防控刑事法律风险，规避刑事风险的发生，将风险的发生率控制到最低，或者将刑事风险可能带来的损害降至最低。如果可以将风险发生的可能变成不可能，无疑是企业最理想的风险防控状态。企业刑事法律风险的防控需要发挥企业的能动性，企业本身不能脱离发展的正轨而实施犯罪行为，也不要因为缺乏防控意识和必要的防控措施而导致自身成为刑事被害人。特别是刑事被害的风险，需要企业澄清认识，虽然因诸多客观因素的存在而不易于防控，但并非不可防控。

（1）我国企业刑事法律风险防控的现状。

法律风险，特别是刑事法律风险，不同于一般性的商业风险。张远煌教授向企业家们强烈呼吁：刑事风险防控涉及安全发展的底线，是企业经营中最重要、最紧迫的风险防控。事实上，相当一部分企业欠缺对自身刑事法律风险的认识，风险防范意识和防范知识更是薄弱。一些企业由于欠缺法律风险防范意识，不注重相关防范知识的学习和积累，导致不具备基本的风险防范能力。还有一些企业的岗位人员出现严重的刑事问题，其原因不在于企业规章制度的缺失或不完善，而在于企业的治理结构、内控制度和风险防控等方面存在漏洞。我国企业刑事风险防控的现状是不容乐观的。

（2）我国企业刑事法律风险防控现状产生的原因。

以下原因可能致使企业不重视刑事风险防控：

一是企业刑事法律风险防范意识薄弱。有调查显示，我国部分企业仍存在法律风险防范意识欠缺、风险控制意识薄弱等现象。而刑事风险更是被很多企业所忽视，或者因惧怕心理而被企业有意无意地"无视"。

二是企业刑事法律风险防控投入不足。由于法律风险防范意识的缺失，我国部分企业对风险防控的关注不足，因而在法律风险防控的投入上也严重不足，可能严重影响企业的风险防控力度和强度。

三是企业的刑事法律风险防控制度和体系不完备。部分企业已经注意到防范刑事法律风险的重要性和必要性，因而开始制定一些防控制度，还有部分企业已经建立起防控体系，但仍有待完善。

3. 企业刑事法律风险防控的必要性

如果认识到企业刑事法律风险的危害和可能造成的损害，也就能够认识到企业刑事法律风险防控的必要性。为避免上述诸多刑事风险引发的危害后果，企业需要做好刑事法律风险防范工作，除此之外，从正面效应来讲，企业要获得健康、长足的发展，要实现高效的管理，要提高企业的经营效益，让发展成果惠及企业的全体成员，也需要未雨绸缪，防患于未然，将刑事法律风险的发生概率降至最低。

首先，企业要实现健康、长足的发展，就必须做好刑事法律风险防范的工作。企业亦如人或其他生物一样，有自己的存续时间。健康是长寿的秘诀，对企业来说也是如此。人要长寿，就要预防疾病，特别是要防止一些致命性的大病、重病。企业要长寿，要实现健康、长足的发展，就要防范刑事法律风险。

其次，企业要实现高效的管理，也有必要防范刑事法律风险。管理的重要性越来越被重视和强调，但是很多企业只是注重企业经营业绩方面的管理，而没有意识到企业风险管理的重要性。风险管理不仅是管理的重要内容，而且是其他事务的管理基础，是管理的基础工程。因为，管理其实是管"人"，而不是管"事"，从本质上讲就是风险管理，风险管理的分支应该延伸到企业的各项工作和各个岗位。而刑事风险管理作为"最重要"的管理工作，无疑也是决定管理有效或者无效的最重要因素。刑事风险管理的必要性应该在风险降临前得到强调，而不是等到问题出现之后。一旦刑事法律风险爆发，风险管理的巨大漏洞就会显现，同时也会宣告管理失败。

最后，企业刑事法律风险防范的必要性还来自企业全体员工利益的需要。现代企业虽然要谋求利润，以利益最大化为追求，但也承担着社会责任，特别是在提供就业机会和稳定社会秩序方面，企业的作用很大。企业员工不仅是打工的人，也是企业的一部分，企业的生死存亡关乎员工的切身利益。正常运营的企业对员工来说是归宿，既能获得生存与发展，也愿意为企业的发展付出；若企业本身动荡不安、岌岌可危，员工也会没有安全感；而若企业因刑事法律风险而破产、关闭，员工必然下岗、失业，又何谈员工的生计与职业发展。

（二）企业破产中的刑事法律风险的内涵及防控必要性

1. 企业破产环节刑事法律风险防控的内涵

（1）企业破产中的刑事法律风险的概念。

在明确破产程序中刑事法律风险的概念之前，有必要明确企业破产的概念。企业破产是指企业在无法清偿债务或支付到期债务的情况下，依法向法院申请启动破产程序，以实现债务清偿、资产分配、企业重整或破产清算的一种法律程序。这个过程涉及法律、经济、金融等多个领域，旨在平衡债权人的权益，保护企业的生存和发展，同时维护市场秩序和社会稳定。

而企业破产环节中的刑事法律风险指在企业破产过程中，涉及非法行为、欺诈、侵占等违法活动，可能使企业管理层、员工或其他相关方面临刑事法律追究的风险。这种风险的扩大，不仅可能导致个人声誉受损，也可能对企业形象、经营环境和社会信任产生负面影响。

首先，虚假陈述和财务造假。企业破产时，管理层可能会为了掩盖实际财务状况，进行虚假陈述和财务造假，误导投资者、债权人和监管机构。这种行为涉及欺诈，一旦被揭露，管理层可能面临刑事指控，甚至会受到刑事处罚。

其次，资产转移和侵占。在面临破产风险时，企业管理层可能将企业资产转移至其他个人或实体，以逃避债务清偿责任。这种资产转移可能触犯侵占罪或诈骗罪，涉及刑事法律风险。

再次，虚构交易和假冒债务。为规避破产清偿责任，企业可能通过虚构交易、设立虚假债务等手段，将资金转移至其他地方。这些行为可能构成欺诈、侵占等刑事犯罪，涉及的刑事法律风险不容忽视。

最后，监管违规和滥用职权。在企业破产过程中，管理层和相关人员可能会滥用职权，违反法律法规，甚至与监管部门串通，掩盖真实情况。这些行为可能涉及滥用职权、行贿受贿等罪名，引发刑事法律风险。

（2）企业破产中的刑事法律风险的特征。

破产程序主要涉及的事项是资产的处置，所以影响破产程序推进的刑事犯罪主要集中在经济类犯罪，多表现为转移、隐匿资产、非法集资等。在客观行为相同的情况下，正确界定罪与非罪、此罪与彼罪的界限，对于实务办案具有重要意义。通过有关案例及罪名的分析，破产犯罪特征可以简要概括为以下三点：

① 时间的特定性。

破产犯罪的发生时间主要集中在企业申请破产至破产程序终止过程中，在企业正常经营过程中所实施的侵犯有关权益的行为不属于破产犯罪规制的范畴，此时行为人的行为也未妨碍到清算法律制度。只有在破产申请前后，行为人实施的妨碍清算法律制度的行为才可能构成破产犯罪，破产犯罪可能发生在破产清算的各个阶段。

② 妨害了正常的司法秩序。

破产犯罪侵犯了债权人的权益是毋庸置疑的，但是其他民事违法行为同样也可能侵犯债权人权益。妨碍破产制度的实施是破产犯罪的特有特征，也就是若该行为违反法律规定但并未侵犯破产制度，那么该行为并不属于破产犯罪的范畴。破产犯罪行为人的各种行为不仅损害了债权人的合法权益，同时也对正常的司法秩序产生了影响。

③ 犯罪主体系企业、企业内担任一定职务或者与破产企业有利害关系的人。

一方面，实施破产犯罪的行为人职位一般较高，掌握着一定职权，一般工作人员实施的违法转移公司资产的行为可能构成职务侵占罪、盗窃罪等，并不属于破产犯罪的范畴；另一方面，企业的经营者、高管等可能会与企业外人员串通，对企业资产进行处分，即使该人员并非企业员工，仍然可能触犯破产犯罪。

2. 企业破产中刑事法律风险防控现状及产生原因

（1）企业破产中刑事法律风险防控的现状。

企业在破产环节中可能引发妨害清算罪和虚假破产罪的风险。此二罪的犯罪主体必须是单位，但妨害清算犯罪行为的实际实施者是公司、企业的管理者，或者清算组的成员、法院指定的清算管理人及相关工作人员；虚假破产罪的行为实施者实际上是公司、企业的主管人员或者直接负责人员。法律规定的也是单罚制，只对公司、企业的主管人员或者直接负责人员进行处罚，而不处罚公司、企业本身。这样的处罚原则有利于保护债权人和受害人的利益。

很多企业惹上刑事官司，即使到山穷水尽时还不知道自己错在哪里，说明其风险防范意识和防范能力太欠缺。事实上，在企业家不知何种行为是否构成犯罪的情况下，触犯刑法的也不鲜见。

首先，最常见的是可能引发妨害清算罪的风险。大家比较熟悉的犯罪行为方式是行为人将公司、企业财产转移或者隐藏起来。比如，企业在清算时将自己投资建设的某房产不入企业账，或企业购买的某设施或设备隐藏起来不列入财产清算范围。又如，在清算组编制资产负债表或者财产清单时，行为人通过虚报资产和负债、虚假记载的方法达到逃避公司、企业债务的目的。还有就是在进行债务清偿之前就将清算的财产分配掉，使债务清偿没有财产可供执行。

其次是虚假破产的刑事法律风险。一些企业及其负责人为了逃避债务，在实际根本不具备破产条件的情况下，不惜以隐匿财产、承担虚假债务、剔除合法应收账款等方式转移财产、处分财产来制造成严重资不抵债或者不能清偿到期债务的假象，然后启动破产程序，严重损害债权人和其他人利益。虚假破产罪的行为人一般是企业承担破产清算职责的负责人员，虽然法律规定虚假破产罪为单位犯罪，但是只处罚企业直接负责人员和其他直接责任人员，因此这些负责人员必然受到法律的严惩。

（2）企业破产中刑事法律风险防控现状产生的原因。

① 企业管理者的认识偏差。

企业的经营管理主要是人的经营管理行为在起决定性作用，很多企业的终止具有客观性，但又不乏借清算、破产之名实施违法犯罪之实者。一些企业的部分管理者对企业的存续没有信心，认为企业已经无利可图，或者为故意逃避企业的某些债务偿还责任，企图通过企业破产来逃避。还有一些企业的管理者不甘失败，在企业的最后阶段还想牟取私利。如果企业已经到了不能清偿到期债务，资产不足以清偿全部债务或者明显缺乏清偿债务的能力的阶段，就表明企业已经到了山穷水尽的地步。但如果企业管理者通过故意隐匿财产、承担虚假的债务等方式转移、处分财产，甚至在清算环节实施妨害清算的行为，无疑会为其认识错误而付出代价。

②企业终止环节缺乏监管。

根据企业破产法有关规定，企业在破产、清算阶段主要是由人民法院对企业宣告破产、清算，由清算组或清算人对企业进行清算。虽然企业在终止阶段有清算组或清算人及其成员、企业的债权人、法院在监督或管理着企业的最后一程，但由于清算组的成员本身组成多元化而比较复杂，利益并非统一，清算组及清算人有时很难对企业的清算、破产程序形成有力的监管。而企业除清算组之外的其他参与企业破产清算程序的债权人，参与程度和深度都不足以对企业的破产、清算程序起到足够的监督作用。而法院在企业破产、清算阶段主要是法律规范角度上的监督与管理，因此也没有深层次的监管。现实中，清算组成员都可能成为妨害清算的行为人，更别说企业及其有关人员。因此，在企业终止阶段缺乏监管的时候，可能出现诸如虚假破产或编造虚假财务报表的行为。

3. 企业破产中刑事法律风险防控的必要性

当涉及企业破产时，刑事法律风险的防控显得尤为关键。这一举措不仅关乎企业本身的命运，还涉及整个市场生态和社会稳定。其必要性具体表现为以下方面：

一是维护市场秩序与公平竞争。刑事法律风险防控在企业破产背景下具有重要的社会意义。市场经济的基石是公平竞争和诚信经营。若企业在破产过程中涉及违法行为，如虚假陈述、资产转移、滥用职权等，将导致市场秩序混乱，合法竞争受损，给其他企业带来不正当竞争的环境。防控刑事法律风险有助于维护市场经济的正常运转和健康发展。

二是保护债权人权益。在企业破产中，债权人的合法权益需要得到妥善保护。若企业在破产过程中存在违法行为，如财务造假、资产转移，将可能损害债权人的权益。刑事法律风险的防控有助于确保债权人在合法范围内获得应有的债务偿还，维护其利益，提升投资者对市场的信心。

三是促进诚信经营。企业的诚信声誉是其持续经营和发展的基础，一旦涉及违法行为，不仅会影响企业的声誉，还会对未来的商业活动产生负面影响。防控刑事法律风险助力企业坚守诚信底线，树立可靠的企业形象。

四是维护企业声誉。企业破产中的刑事法律风险不仅影响企业自身，也关系到其合作伙伴、客户、投资者等的利益。若企业被揭示有涉及不法行为的情况，其声誉将受到严重损害。防控刑事法律风险有助于维护企业的声誉，维持与利益相关者的良好关系。

五是避免法律风险扩大。未能防控刑事法律风险可能导致问题进一步扩大。初始的违法行为可能引发更多刑事指控，涉及更多人员，进一步加剧企业的困境。及早防控刑事法律风险可以阻止问题进一步恶化，为企业的破产处理提供更多合法和合规的选择。

六是维护社会稳定。若企业破产中的刑事法律风险得不到有效防控，可能引发社会不满情绪。大规模的舆论关注和社会不安可能影响社会稳定。因此，刑事法律风险的防控有助于减少社会不稳定因素。

综上所述，企业破产中刑事法律风险的防控不仅事关企业自身利益，而且关系到市场秩序、社会稳定等多个层面。通过加强合规意识、建立健全内部控制，以及与监管机构积极合作，企业可以有效降低刑事法律风险的发生概率，维护自身和整个社会的利益。

二、企业破产中的刑事风险类型

（一）常见的分类方法概述

企业破产中的刑事风险类型可以按照涉及违法行为的性质和方面分为以下几类。

1. 根据法律性质分类

主要包含：财务类风险，包括财务造假、虚假陈述、非法转移资产等涉及财务方面的违法犯罪行为；贪污受贿类风险，涉及企业管理层或员工利用职务之便，索取贿赂或接受贿赂等违法行为；劳动类风险，涉及企业在破产过程中可能违反劳动法规，拖欠员工工资或违法解雇员工等问题；经济犯罪类风险，包括偷税漏税、非法集资等与经济活动相关的违法行为。

2. 根据破产中相关主体分类

主要包含：企业内部风险，指企业内部管理层或员工在破产过程中可能涉及的违法行为，即债务人自身；外部合作方风险，指与企业合作的其他组织或个人在破产过程中可能带来的违法风险,主要指破产管理人、债权人、会计师事务所、造价事务所、评估事务所等中介机构。

3. 根据破产程序阶段分类

主要包含:破产申请前风险,指企业在面临破产前,可能因为财务困难等原因而涉及的违法行为;破产清算风险,即与企业清算资产、偿还债务等程序相关的违法行为风险,涉及破产申请阶段、债权申报阶段、财产接管阶段;破产重整风险,涉及企业进行破产重整过程中可能出现的违法风险。

综合来看,不同的分类方法分别强调企业破产中的不同刑事风险类型,这有助于在破产风险评估中更全面地把握潜在问题。根据法律性质分类聚焦特定类型的刑事风险,使得问题更加具体明确,有针对性;根据相关主体分类区分企业内部风险和外部合作方风险,有利于综合考虑企业管理和合作过程中可能存在的刑事风险。通过关注外部合作方风险,促进企业加强对合作伙伴的尽职调查与监督,以降低合作风险;根据破产程序阶段分类,能够更精准地识别破产过程中可能涉及的刑事风险。

以上分类方法有助于更好地理解企业破产中可能存在的刑事风险类型,同时也为企业采取相应的规制对策提供参考依据。选择合适的分类方法,可以更有效地采取针对性的规制对策,避免忽视任何可能存在的刑事风险。在实际应用中,可以结合不同的分类方法进行综合分析,以便更好地管理和应对企业破产中的刑事风险。

为了全面考虑刑事风险,本书采用法律性质、破产中相关程序阶段、相关主体相结合的分类方法,以法律性质为主,综合考虑不同行为发生的阶段、可适用的主体。通过综合运用这三种分类方法,可以更全面地了解企业破产中可能面临的刑事风险,提高风险识别的准确性和有效性。综合考虑不同类型的刑事风险和不同阶段的特点,有助于制定更有针对性的规制对策,优化破产管理和程序,促进全面合规,为企业的合法经营和破产程序的顺利进行提供有力保障。

(二)破产欺诈类

1. 定义和特征

破产欺诈是指企业在面临破产或破产程序中,为追求个人或团体利益,采取欺诈手段,掩盖真实财务状况、虚构债务或资产状况等行为,骗取资金或逃避责任,从而导致债权人或其他相关方权益受损的违法行为。破产欺诈涉及财务造假、虚假宣传、资产转移等多种手段,对企业破产管理和社会经济秩序造成严重影响。

2. 产生的原因

破产欺诈产生的原因主要有以下几点:

(1)破产企业经营困难。

企业由于市场竞争激烈、经营不善或其他经济原因导致亏损和财务困难,为了维持企业经营,企业主可能采取欺诈手段掩盖真实财务状况,以获取更多的资金支持。

(2)规避责任。

在面临破产清算或破产重整时,企业主或高层管理人员为规避责任或保护个人资产,可能采取欺诈行为,故意制造虚假破产,企图规避债务责任,使债权人无法获得应有的债权回报,使企业财产和责任得以转移或减轻。

(3)维护个人资产。

企业主或高层管理人员为了保护个人资产,可能将企业资产转移至他人名下,借助虚假破产来规避清算责任。

3. 适用主体

破产欺诈涉及的主体主要包括:

(1)债务人、企业主或高层管理人员。

作为企业决策者,他们有可能为了个人利益,采取虚构或歪曲事实的手段,制造虚假破产现象,误导债权人和破产管理机构。

(2)债权人。

在破产案件办理过程中可能捏造事实,虚假申报债权的,构成虚假诉讼罪。

4. 适用阶段

破产欺诈可发生在破产过程的不同阶段。

破产申请前阶段:企业在面临破产前可能出现财务造假、虚假宣传等欺诈行为,以欺骗投资者或债权人,维持企业经营。

破产清算阶段：在清算过程中，企业主要管理人员或关联方可能进行资产转移、隐匿、虚增或损毁等欺诈行为，误导债权人，转移企业财产，损害债权人权益。虚假破产往往发生在企业申请或被申请破产前，实施虚假破产的时间界限，应当截止于公司企业提出破产申请之日。

破产清算阶段：在清算过程中，企业主要管理人员或关联方可能通过虚构破产事实、隐瞒资产等手段，债权人在债权申报过程中可能捏造事实，虚假申报债权的。

5. 我国现行法律规定

我国现行法律对破产欺诈行为进行了严格规定，我国刑法规定了破产欺诈相关罪名，如虚假破产罪等。对于涉嫌虚假破产的主体，将依法追究刑事责任，并对其进行相应的刑事处罚。

（1）虚假破产罪。

虚假破产罪是企业破产案件办理过程中最为常见的刑事犯罪，它是2006年6月29日《刑法修正案（六）》所增设的，笔者认为该行为涵盖实施虚假破产的全过程，不仅发生在破产立案前，还可能发生在破产立案后，以及在破产案件办理的过程中。它通常的表现形式是隐匿资产或者虚构债务，严重损害债权人的利益，对直接负责的主管人员和其他直接责任人员均要予以刑事处罚。在已经生效的刑事判决中，有公司已经破产后，发现存在虚假破产行为，最终认定构成虚假破产罪的案例，还有行为人虚构债务，实施虚假破产行为，最终被法院驳回破产申请，并判决构成虚假破产罪（未遂）的案例。因此，虽然目前虚假破产罪的适用率极低，但该罪名的存在，仍然是虚假破产行为的刑事风险之一。

（2）妨害清算罪。

妨害清算罪不仅仅会发生在企业破产时，在企业正常清算中也时有发生。但是，无论是在企业非破产清算期间还是破产清算期间、破产重整期间，只要满足其要件，均可认定为妨害清算罪。它通常的表现形式是隐匿资产，对资产负债表（财产清单）作虚假、伪造的记载，或者在未清偿债务前分配公司、企业财产，严重损害了债权人的利益，对直接负责的主管人员和其他直接责任人员均要予以刑事处罚。在公司、企业清算过程中，须编制资产负债表和财产清单。在制作资产负债表或财产清单时，故意采取隐瞒或欺骗的方法，对资产负债表或财产清单进行虚报，以达到逃避公司、企业债务的目的行为，无疑是妨害清算正常进行的行为。在司法实践中，对资产负债表或财产清单作虚假记载，主要是指减少资本，扩大股东权益或者隐瞒、缩小公司、企业实际财产数额，夸大债务额或者对其减少不予登记，或者采取夸大手段多报公司、企业实际资产，用于抵债或者偿还等情况。在破产清算小组进行清算时，在未清偿债务之前，通过借款的名义，将公司资金优先归还给某某等人或者在破产重整程序中，在未经债权人会议表决并经人民法院批准的情况下，擅自对部分债权人选择性清偿，且该部分债务不属于破产费用和共益债务，分配公司财产，客观上都被认定为实施了妨害清算的行为。

（3）隐匿、故意销毁会计凭证、会计账簿、财务会计报告罪。

隐匿、故意销毁会计凭证、会计账簿、财务会计报告罪是一个选择性罪名，只要有其中任何一种情形，均可以构成犯罪。它通常的表现形式是隐匿或者故意销毁依法应当保存的会计凭证（账簿、报告）。单位也可以构成本罪，对直接负责的主管人员和其他直接责任人员依法予以处罚。破产前后隐匿或者故意销毁依法应当保存的会计凭证、会计账簿、财务会计报告的，可按隐匿、故意销毁会计凭证、会计账簿、财务会计报告罪处理。根据刑法规定，单位或个人隐匿或者故意销毁依法应当保存的会计凭证、会计账簿、财务会计报告，情节严重的，构成隐匿、故意销毁会计凭证、会计账簿、财务会计报告罪。而企业破产必然要涉及会计凭证、会计账簿、财务会计报告问题，如果破产前后破产关系人实施了隐匿或者故意销毁依法应当保存的会计凭证、会计账簿、财务会计报告，情节严重的行为，可按隐匿、故意销毁会计凭证、会计账簿、财务会计报告罪处理。

（4）非法处置查封、扣押、冻结财产罪和拒不执行判决、裁定罪。

破产企业在步入破产之前，通常会诉讼缠身，而且会被采取财产保全措施或者收到法院执行通知。如果通过隐藏、转移、变卖、故意毁损已被司法机关查封、扣押、冻结的财产，或者拒绝执行法院判决和裁定的，严重妨害诉讼活动的正常进行的，则可能构成非法处置查封、扣押、冻结财产罪。部分刑事判决书认定，行为人为逃避执行，通过虚假诉讼虚构债务后，申请虚假破产，以虚假诉讼并虚假破产的手段拒不执行判决、裁定，最终认定行为人构成拒不执行判决、裁定罪。因此，实施虚假破产行为，还可能构成拒不执行判决、裁定罪,在特定情况下,即使不符合虚假破产罪的构成要件,也可能构成其他犯罪。

(5)虚假诉讼罪。

在破产案件中,虚假诉讼罪也是一项值得关注的犯罪,因为一旦发生,可能对破产分配造成严重不公平,给相关债权人和债务人带来严重损失。破产案件中的虚假诉讼罪主要表现在以下方面:①虚构债权,即当事人为了在破产分配中获得更多利益,可能会虚构债权。这种行为通常包括虚构债权事实、虚报债权数额、伪造债权证明材料等。②虚报财产,即当事人为了规避破产清算,可能会通过虚报财产、隐瞒财产、转移财产等手段,企图逃避法院对其财产的处理和分配。③债权人串通,即债权人之间可能会串通,共同伪造债权证据,骗取破产财产。这样的行为可能导致其他债权人的合法权益受到侵害。④利用关系谋取不正当利益,即当事人可能会利用亲属、朋友、关系户等关系,企图通过虚假诉讼手段骗取破产财产。根据2018年10月1日《最高人民法院、最高人民检察院关于办理虚假诉讼刑事案件适用法律若干问题的解释》第一条第一款第(五)项的规定,在破产案件审理过程中申报捏造债权的,属于以捏造的事实提起民事诉讼,该行为构成虚假诉讼罪。由此,债权人在破产案件办理过程中可能捏造事实,虚假申报债权的,构成虚假诉讼罪。

(三)贪污受贿类

1. 定义和特征

贪污受贿是指企业主或高层管理人员在企业破产或面临破产程序时,利用职务之便,收受贿赂或挪用企业资金等不正当手段谋取个人利益的违法行为。贪污受贿行为严重损害企业利益和债权人权益,扰乱市场经济秩序,影响社会经济的健康发展。为了维护公平正义,我国现行法律对贪污受贿行为进行了明确规制,旨在打击腐败现象,保障企业破产程序的公正性和各方利益的合法权益。

2. 产生的原因

贪污受贿产生的原因主要有以下三点:

(1)个人欲望膨胀。

企业主或高层管理人员因位高权重,个人欲望膨胀,贪图不义之财,利用企业破产或面临破产的机会,通过收受贿赂谋取私利。

(2)维护权力和地位。

为了巩固自身的权力和地位,企业主或高层管理人员可能通过收受贿赂等手段,保护自己在企业内部的地位和利益。

(3)面临巨大经济压力。

企业主或高层管理人员在企业经营困难或面临破产时,由于面临巨大经济压力,可能采取挪用企业资金等贪污手段来弥补个人损失。

3. 适用主体

贪污受贿类涉及的主体主要包括以下两类:

(1)作为债务人的企业法定代表人、实际控制人或高层管理人员。

作为企业的最高决策者或管理者,他们在企业面临破产或破产程序中,有较大的权力和资源,可能滥用职权,向破产管理人及法院工作人员行贿,谋取不当利益。

(2)债权人、破产管理人、法院工作人员。

清算组成员、破产债权人或其他代理人、理事或类似人员,利用职务上的便利,索取他人财物或者非法收受他人贿赂的。人民法院办案人员和法院指定的管理人皆是依法履行或受聘请履行公务,如果该类人员在履职过程中存在严重的收受他人财物的行,则构成受贿罪。

4. 适用阶段

贪污受贿行为可发生在企业破产过程的以下阶段:

(1)破产申请前阶段。

企业主或高层管理人员在面临破产前可能已经涉嫌贪污受贿,收受贿赂,导致企业陷入经营困境。

(2)破产清算阶段。

在清算过程中,债权人、破产管理人、法院工作人员可能利用破产程序,以债务清算为名义,转移企业财产或收受贿赂,损害债权人权益。

5. 我国现行法律规定

我国现行法律对贪污受贿行为进行了明确规定。我国刑法规定了贪污受贿等相关罪名,破产程序中行贿或者收受贿赂的,可按行贿罪、受贿罪、非国家工作人员受贿罪或者对非国家工作人员行贿罪处理；破产程序中侵占公司、企业财产的，可按职务侵占罪或者贪污罪处理。

（1）破产行贿类。

根据我国刑法的规定，企业在破产前后，破产关系人为谋取不正当利益，给予清算组成员、破产债权人或他们的代理人以财物，根据行为人及行为对象的不同身份可分别构成行贿罪、对非国家工作人员行贿罪。即行为人为国家工作人员的，构成行贿罪，行为人为非国有公司、企业人员的，构成对非国家工作人员行贿罪。破产债务人收买法官、破产管理人、破产律师或其他与破产程序相关的人员，以获得有利于自己的判决或决策；将资产转移到他人名下，以逃避债务或在破产程序中隐瞒财产，以保留财产而不用分给债权人。

（2）破产受贿类。

在企业破产前后清算组成员、破产债权人或其他代理人、理事或类似人员，利用职务上的便利，索取他人财物或者非法收受他人贿赂的，根据行为人及行为对象的不同身份可分别构成受贿罪或者非国家工作人员受贿罪。即行为人为国家工作人员的，构成受贿罪，行为人为非国有公司、企业人员的，构成非国家工作人员受贿罪。这具体表现为破产清算组成员可能构成犯罪的情形：接受破产企业债务人的贿赂，故意遗漏该债权或放弃追讨，致使破产企业对外债权流失的；接受破产企业法定代表人及有关责任人员的贿赂，故意为其开脱罪责，或故意放弃向其追讨破产财产，致使破产企业财产流失的；接受破产承让人的贿赂，故意低值评估破产财产，或故意降价处理破产财产，致使破产财产显著贬值的等。

（3）破产侵占类。

破产程序中侵占公司、企业财产的，可按职务侵占罪或者贪污罪处理。破产企业的负责人在移交破产财产前或者破产财产管理人破产程序进行中利用职务上的便利非法占有企业财产的，根据行为人的不同身份，可分别按职务侵占罪或者贪污罪处理。即行为人为国家工作人员的，可构成贪污罪；行为人为非国有公司、企业人员的，可构成职务侵占罪。具体表现形式为：破产清算组成员利用职务之便，挪用破产财产或挪用应分配给债权人的财产，或以非法占有为目的贪污破产财产，并造成严重后果的。

通过以上法律规定，我国旨在建立健全破产法律体系，强化对贪污受贿行为的打击力度，保障企业破产程序的公正进行和各方的合法权益。政府部门应加强对企业主和高层管理人员的监督与管理，加大风险防范和打击力度，提高企业合规意识，预防和化解贪污受贿现象。同时，企业和相关主体应自觉遵守法律法规，坚持诚信原则，共同维护社会经济秩序的稳定和健康发展。

（四）经营管理类

1. 定义和特征

经营管理类刑事风险是指企业在经营管理过程中，出现违法犯罪行为，包括虚假宣传、非法经营、侵占、挪用资金等，这些行为可能损害企业利益，危害社会经济秩序。为了维护公平竞争和市场秩序，我国现行法律体系对经营管理类犯罪行为进行了明确规制，旨在打击违法犯罪行为，促进企业健康发展和社会经济的稳定。

2. 产生的原因

经营管理类刑事风险产生的原因主要有以下三点：

（1）利益驱动。

企业为了谋取更大利润，可能采取虚假宣传、夸大广告、隐瞒真相等手段，欺骗消费者或投资者，从而损害公众利益。

（2）财务管理不规范。

企业在财务管理方面出现问题，也是导致刑事风险产生的原因之一。比如虚假财务报表、账目不清等不当行为，可能涉及财务犯罪，如财务造假。

（3）领导层失职。

企业领导层的失职也是经营管理类刑事风险产生的因素之一。领导层在决策和管理方面出现失误，可能导致企业陷入困境，甚至出现违法犯罪行为。

3. 适用主体

经营管理类刑事风险涉及的主体主要包括以下两类：

（1）债务人。

企业的法定代表人、实际控制人或高层管理人员，作为企业的主要决策者，他们有较大的权力和资源，可能滥用职权，采取违法手段，谋取不当利益。

（2）破产企业的主管人员或者其他参与人员。

企业的其他员工，如会计等，在日常经营管理中，利用职务便利，可能涉及非法经营、侵占挪用资金等违法行为。

4. 适用阶段

经营管理类刑事风险可发生在企业申请破产前的经营管理过程中。由于各种经营不善问题所导致，一般在进入破产阶段由破产管理人发现。当企业面临经营困难时，经营者通常会为了维持企业正常运转，通过各种各样的形式进行融资，如果采取不当的形式进行融资，将面临巨大的刑事风险。

5. 我国现行法律规定

我国现行法律对经营管理类刑事风险行为进行了明确规定。我国刑法对非法经营、侵占挪用资金等行为进行了明确规定，涉及负有刑事责任的主体将受到相应的刑事处罚。主要包括：集资诈骗罪，非法吸收公众存款罪，贷款诈骗罪，骗取贷款、票据承兑、金融票证罪，合同诈骗罪，诈骗罪，危害税收征管罪，虚假出资、抽逃出资、虚报注册资本罪。

（1）集资诈骗罪和非法吸收公众存款罪。

企业如果以借贷等形式向不特定对象进行借款、签订股权投资协议、违法发行基金等形式吸收资金。事后存在资金不用于生产经营活动，肆意挥霍资金，携款逃匿，转移资金，隐匿财产、隐匿、销毁账目，或者搞假破产、假倒闭等情形的，则可能被认定为非法集资犯罪行为。《最高人民法院关于审理非法集资刑事案件具体应用法律若干问题的解释》（2021年修正）第七条规定，"使用诈骗方法非法集资，具有下列情形之一的，可以认定为以'非法占有为目的'：……（六）隐匿、销毁账目，或者搞假破产、假倒闭，逃避返还资金的；……"根据上述规定，在构成非法吸收公众存款罪的同时，如果实施虚假破产行为，逃避返还资金，则可以认定为"非法占有目的"，从而可以认定构成集资诈骗罪。

（2）贷款诈骗罪和骗取贷款、票据承兑、金融票证罪。

濒临破产企业通常会被银行调低授信额度，企业为了获取银行贷款，申请贷款的过程中有虚构事实、掩盖真相的情节，或者说在申请贷款过程中，提供假证明、假材料，或者贷款资金没有按申请时的用途去使用贷款等形式取得银行或者其他金融机构的贷款、票据承兑、信用证、保函等信贷资金、信用的，则可能被认定为贷款类犯罪行为。

（3）合同诈骗罪与诈骗罪。

经营者在签订和履行合同过程中，借贷行为发生过程中，或者通过其他形式进行的融资行为过程中，一旦被认定为具有非法占有目的，被认定为明知自己没有履行合同的能力而采取欺骗手段骗取他人财物，或者逃匿、隐匿财产等行为拒不履行合同，则可能被认定为合同诈骗罪或诈骗罪。

（4）危害税收征管罪。

破产债权申报过程中，税务债权作为优先债权进行申报，但是税务债权的终结不意味着刑事责任的终结。如果企业在运营过程中存在逃税、虚开增值税发票等行为，符合危害税收征管罪的刑事要件，根据法律规定，企业宣告破产后，企业免于追诉，但经营罪者仍应承担相应的刑事责任。

（5）虚假出资、抽逃出资、虚报注册资本罪。

民营企业很大一部分以家族企业形式存在，可能存在个人财产和公司财产混同的情形。股东随意向公司借款或随意处置公司重大财产，可能被认定为财产混同，企业失去了独立法人人格。同时，随意转出公司固定资产、流动资金可能被认定为抽逃出资，股东除应承担补缴出资的责任外，可能涉嫌抽逃出资等刑事犯罪。

通过以上法律规定，我国旨在建立健全破产法律体系，强化对经营管理类犯罪行为的打击力度，保障企业经营活动的公平正义和各方的合法权益。政府部门应加强对企业经营管理行为的监督和管理，加大风险防范和打击力度，提高企业合规意识，促进企业健康发展和社会经济的稳定。同时，企业和相关主体应自觉遵守法律法规，坚持诚信原则，共同维护市场经济秩序的稳定和健康发展。

（五）劳动关系类

1. 定义和特征

在企业面临破产的阶段，劳动类刑事风险可能会加剧，影响企业内部的劳动关系稳定和员工的合法权益。以下将对劳动类刑事风险在企业破产阶段产生的原因、适用主体、适用阶段以及我国现行法律规定进行阐述。

2. 产生的原因

企业破产时，面临着巨大的经济压力和运营困难，这可能导致一系列与劳动类刑事风险相关的问题。

（1）资金困难：企业破产后，资金紧张可能导致企业无法及时支付员工工资，甚至出现拖欠工资的情况。

（2）岗位裁减：为了减少成本，企业可能采取裁员措施，但在裁员过程中可能涉及非法用工和不合理解雇。

（3）压力传导：企业主或管理人员面临破产带来的巨大压力，可能导致一些不当行为，如强迫员工加班等。

3. 适用主体

在企业破产阶段，涉及劳动类刑事风险的主体主要是破产债务人。作为企业的决策者，他们在破产阶段可能采取不当手段，如拖欠工资、非法用工等，严重损害员工权益。企业经营者在资金周转困难阶段，有时会优先将有限的资金用于经营或其他方面，而拖欠员工工资，如果未支付职工劳动报酬，而存在隐匿财产、恶意清偿、虚构债务、虚假破产、虚假倒闭或者以其他方法转移、处分财产。

4. 适用阶段

劳动类刑事风险可能发生在企业破产程序的以下阶段：

（1）破产申请前阶段：在企业面临破产的时候，一些员工可能会采取非法维权行为，导致企业经营受到影响。

（2）破产清算阶段：在清算过程中，企业主要管理人员可能采取非法手段，拖欠工资。

（3）破产重整阶段：在重整过程中，企业可能会出现裁员等问题，可能涉及不合理解雇或非法用工情况。

5. 我国现行法律规定

我国现行法律对企业破产阶段的劳动类刑事风险行为进行了明确规

定。我国刑法规定了拒不支付劳动报酬罪等相关罪名，对于涉及的犯罪主体，将依法追究刑事责任，并进行相应的刑事处罚。

根据《最高人民法院关于审理拒不支付劳动报酬刑事案件适用法律若干问题的解释》第二条的规定，以逃避支付劳动者的劳动报酬为目的，具有下列情形之一的，应当认定为刑法第二百七十六条之一第一款规定的"以转移财产、逃匿等方法逃避支付劳动者的劳动报酬"：（一）隐匿财产、恶意清偿、虚构债务、虚假破产、虚假倒闭或者以其他方法转移、处分财产的；（二）逃跑、藏匿的；（三）隐匿、销毁或者篡改账目、职工名册、工资支付记录、考勤记录等与劳动报酬相关的材料的；（四）以其他方法逃避支付劳动报酬的。

通过以上法律规定，我国旨在建立健全劳动法律体系，强化对劳动类刑事风险的打击力度，保障员工在企业破产阶段的合法权益，促进劳动关系的稳定和谐。政府部门应加强对企业破产阶段的监督和管理，加大对劳动类刑事风险行为的查处和打击力度，提高企业用工合规意识，保障员工权益的实现。同时，企业主和相关主体应自觉遵守法律法规，坚持诚信原则，共同维护劳动关系的和谐和社会的稳定。

（六）环境保护类

在企业破产过程中，环境保护类刑事风险可能因环境管理不善、资源匮乏等因素而凸显。以下将从环境保护类刑事风险的定义和特征、产生原因、适用主体、适用阶段以及我国现行法律规定等方面对其进行阐述。

1. 定义和特征

破产中的环境保护类刑事风险是指企业在破产过程中，由于经营管理不善或其他原因，可能出现环境污染、破坏等环境问题，从而引发刑事法律责任。其特征在于其犯罪行为对环境健康和社会稳定造成危害，同时也对企业的破产程序和债权人权益产生影响。企业在破产程序中应处理环境问题并遵守环境法有关规定，破产企业是承担环境问题责任的主体，依然要遵守环境义务。明确企业进入破产程序后，由破产管理人履行生态保护职责。破产管理人在破产程序中处理生态环境的费用应视为破产财产的管理费用、管理人执行职务的费用等破产费用优先清偿。

2. 产生的原因

破产中环境保护类刑事风险产生的原因包括以下三方面：

（1）资金匮乏：企业在破产时可能因资金紧张而无力履行环保要求，从而可能出现环境违法行为。例如，公司可能无法支付废物处理费用、环境修复成本或必要的污染控制设备费用。

（2）管理不善：企业破产时，由于管理层失职、内部控制薄弱，可能导致环境管理不善，出现环境污染等问题。缺乏适当的环保策略、监督和培训可能使员工无法正确遵守环保法规。管理不善还可能导致环境数据的不准确记录，使公司陷入环保不合规的法律困境。

（3）逃避债务：企业破产时，一些企业可能为逃避环保债务，采取不当手段进行资产转移，从而导致环境风险。如未支付的罚款或未完成的环境修复项目。

3. 适用主体

破产中的环境保护类刑事风险涉及的主体主要包括以下两类：

破产企业：作为经营主体，企业在破产过程中对环境产生影响，承担相应的法律责任。因为公司可能无法履行环境法规所要求的义务，如支付罚款、执行环境修复计划或遵守排放限制。公司的财务困境可能导致环保违规行为，从而引发单位犯罪。

公司高层管理人员：管理层在破产时应当继续履行环保职责，如有失职行为可能负刑事责任。而公司的高层管理人员对公司的环境政策和合规负有直接责任。如果他们涉及环境违规行为，如虚假报告或篡改环境数据，他们个人可能会面临刑事指控，尤其是如果这些行为被认为是故意的。

4. 适用阶段

破产中的环境保护类刑事风险可能发生在破产过程的以下阶段：

（1）破产申请阶段：企业破产申请前，环境污染等问题可能已存在，但受资金困难等影响，未能得到妥善处理。

（2）破产清算阶段：清算过程中，企业的环保问题可能受到忽视，导致环境风险进一步加剧。

5. 我国现行法律规定

我国现行法律对破产中的环境保护类刑事风险行为进行了明确规定。

我国刑法规定了环境污染、非法排放等环境犯罪行为，对于破产企业在环境保护方面的犯罪行为，将依法追究刑事责任。

我国环境保护法律法规要求企业在破产时仍须履行环保义务，否则将承担相应的法律责任。

（1）污染环境罪。

"谁污染谁治理"是环境法的基本原则。根据该原则，环境保护法的适用主体是所有产生环境污染的经营者。破产企业虽然已经进入清算程序，但其企业法人主体资格仍然存续，在企业终止前实施的污染、损害生态环境行为，仍应承担环保法律法规规定的污染防治及修复的义务和责任，即履行环境保护责任。若企业长期不履行生态环境修复义务，可能导致环境污染进一步扩大恶化，将原本轻微的污染环境行为升级为"严重污染环境"行为，从而致使企业涉及触犯污染环境罪。

（2）非法占用农用地罪。

非法占用耕地、林地等农用地，是指未经法定程序审批、登记、核发证书、确认土地使用权而占用耕地、林地等农用地的情形。实务中比较常见的形式主要是三种：第一种最常见的非法占用形式是未经国家土地管理机关审核、批准，而擅自占用农用地的情形。第二种是虽然获得审批手续，但是超过审批手续范围、数量而占用。第三种是采取欺骗、贿赂等非法手段获取审批手续而实施占用。若企业破产中长期未经法定程序审批，而占用耕地、林地等农用地，可能涉嫌触犯污染环境罪。

破产中的环境保护类刑事风险可能严重影响企业和社会的可持续发展。为规避这一风险，破产企业应当加强环境管理，确保环境合规；同时，政府部门也应强化对破产企业的环境监管，维护公众的环境权益，促进破产程序的公平公正进行。

总体来看，企业破产中的刑事风险类型涵盖众多领域，既涉及经济利益，也涉及环境保护、劳动权益等社会公共利益。这些刑事风险不仅仅是企业内部管理不善的体现，还是社会制度和法治建设的检验。有效防范和应对这些风险，不仅需要企业的自我约束和改进，还需要政府的强化监管与执法，以及社会各界的共同参与和合作。

在破产管理中，企业应强化内部风险意识，树立诚信经营的理念，建立科学合规的经营模式，避免违法犯罪行为的滋生。同时，也应加强内部人员的法律法规培训，增强其法律意识，避免因个人行为给企业带来不可承受的刑事风险。政府部门应强化破产领域的监管，确保破产程序的公平公正进行，有效保护债权人、投资人以及社会公众的权益，同时加大对违法犯罪行为的打击力度，构建健康的商业环境。社会各界也应积极参与监督，关注企业破产中的刑事风险，共同推动企业、政府、社会的协同合作，促进破产过程的合法合规进行，最终实现社会经济环境的稳定和可持续发展。

总之，企业破产中的刑事风险不仅仅是企业自身问题，更是一个综合性的社会治理问题。只有通过企业自身的规范经营、政府的有力监管、社会的广泛参与，才能有效应对和化解破产中的刑事风险，确保社会的和谐稳定和经济的可持续发展。

三、企业破产涉及刑事罪名及典型案例分析

"法人无犯罪能力"是罗马法的格言，在相当长的历史时期内，大陆法系国家的刑事立法与刑法理论遵循这一格言，主张法人不能成为刑罚处罚的对象。该格言明显与现今社会发展情况不符。截至2024年1月20日，在中国裁判文书网通过"刑事案件—刑事一审—判决书—案件名称：公司"检索出文书40 664篇，可见，单位犯罪数量虽然远远低于自然人犯罪，但是单位犯罪并不少见。以此为基础添加"全文：破产"条件检索出文书607篇，其中破坏社会主义市场经济秩序罪案由392篇，占比64.58%；侵犯财产罪案由113篇，占比18.62%；贪污贿赂罪及渎职罪案由197篇，占比32.45%。

破产犯罪的实施往往并不是单独个体可以完成的，大多数情况下会涉及单位内部人员或者内、外部人员之间的勾结、串通，所以存在共同犯罪以及一案数罪的情况，因此各类罪名相加的总数会高于总文书数量。在此种情况下，企业及其经营者涉及虚假破产罪、骗取贷款罪，与其串通的银行内部人员涉及贪污贿赂罪、渎职犯罪。正因为破产犯罪大多披着"企业有限责任"的外衣，隐藏在庞大的账簿、资金流水以及关联公司的经营报表中，关于线索的发现及犯罪行为的查处困难重重。规模较大的企业破产，

还会影响到与其合作的供货商,以破产企业为主要合作企业的供货商很可能也会相继破产,破产犯罪的社会危害性可见一斑。

破产程序可以概括为"破产申请—破产受理—指定管理人—债权申报—债权人会议—破产财产处置—破产程序的终止和终结"等步骤,除了单位股东、高管、员工、实际经营人涉嫌犯罪会影响到企业破产程序的推动,参与破产程序以及与破产企业有利害关系的各方主体均可能涉嫌犯罪,本书将对部分犯罪进行列举说明。

(一)虚假破产罪

《刑法》第一百六十二条之二规定:"公司、企业通过隐匿财产、承担虚构的债务或者以其他方法转移、处分财产,实施虚假破产,严重损害债权人或者其他人利益的,对其直接负责的主管人员和其他直接责任人员,处五年以下有期徒刑或者拘役,并处或者单处二万元以上二十万元以下罚金。"

虚假破产罪是最直接、最典型的破产犯罪,该罪发生在"破产申请"阶段。通过法律规定可以看到,虚假破产罪的犯罪主体是一般主体,可以由任何公司、企业构成,即根据有关法律及司法解释的规定,具备法人资格的全民所有制企业、集体企业、联营企业和私人企业等都符合。刑法条文仅对自然人规定了刑罚,属于单位犯罪中的单罚制。虚假破产罪属于单位犯罪,毋庸置疑,犯罪行为的实施主体仍然是自然人,故在此处规定了对"直接负责的主管人员和其他直接责任人员"进行刑事处罚不违反罪责自负原则。在实施犯罪的过程中,行为人最直接的目的是逃避债务,也明知该行为会妨碍破产制度的实施、浪费司法资源,主观方面系故意。

虚假破产罪所侵犯的客体是复杂客体,包括公司、企业的破产制度和债权人或者其他人的合法权益。正因为破产程序有"合法合理"消灭债务的作用,部分人便想利用这个制度逃避偿还债务的义务,最直接侵犯的法益就是债权人的财产权利;还需要注意的是,债务人实际上无破产原因而虚构事实申请破产,浪费司法资源,妨碍了破产制度的正常实施。该罪客观方面具体包括三个方面的内容:一是必须实施了隐匿财产、承担虚构的债务或者其他转移财产、处分财产的行为;二是必须实施了虚假破产,这里的虚假破产是指企业未达到破产界限,伪造破产原因申请破产,而非真实破产;三是严重损害了债权人和其他人的利益,即必须是给债权人和其他人造成重大财产损失的行为才构成。可见，该罪系结果犯，不仅客观上要实施行为还要造成相应后果才能构成此罪。

案例

【案件基本信息】

裁判文书号：（2019）吉0581刑初366号

案由：虚假破产罪

公诉机关：吉林省梅河口市人民检察院

被告人：吴某翘、王某波、尹某鸿、倪某燕

【基本案情】

2007年初，崔某（实际控制人）、王某2（股东委托代管企业）、吴某翘（公司财务总监）经过多次预谋，企图借农行股改上市的机会，通过非法手段将某制药公司在农行吉林市分行的2000万元贷款列入不良，并注册成立新公司，将抵押资产通过拍卖转移至新公司，将未抵押资产及无形资产通过非法途径转移至新公司，致使某制药公司成为"空壳"，再通过破产程序宣告公司破产，从而达到核销贷款的目的。

在操作过程中，由崔某负责协调有关部门及人员，吴某翘负责实施具体违法行为，王某波（公司总经理）等人负责提供资金等帮助。为此，崔某找到时任农行吉林市分行行长王某3帮忙违规将企业贷款列入不良，同时王某2、吴某翘指使尹某鸿等人向银行提供虚假财务报表等材料，造成某制药公司亏损假象。2007年6月至2014年7月间，在崔某的主导协调，吴某翘、王某波、尹某鸿、倪某燕等人的具体实施，农行吉林市分行工作人员及相关涉事部门人员违法违规配合下，致使某制药公司在持续营利性生产经营的情况下，通过隐匿、转移资产，于2014年8月破产终结，予以注销，农行吉林市分行101 918 760.1元的贷款被核销。最终，法院以虚假破产罪对被告人吴某翘、王某波、尹某鸿判处了有期徒刑一年一个月至一年六个月，并处罚金的刑罚，对被告人倪某燕免予刑事处罚。

【案例分析】

法人是具有民事权利能力和民事行为能力，依法独立享有民事权利和承担民事义务的组织。法人的本质是法人能够与自然人同样具有民事权利能力，成为享有权利、承担义务的民事主体。本案中，涉案企业虽然名义上是公司法人，但仅凭某些人的意志就可以操控着公司的人、财、物。公司管理体制的不完善，导致不法分子有机可乘，最终导致公司沦为某些人谋取不法利益的工具。

虚假破产罪风险类型属于"破产欺诈类"，在实施不法行为的七年时间里面，除了本案四名被告人的各种违法行为外，还穿插着银行、工商局、法院等行政机关、司法机关的公职人员与其"里应外合"，保证相关流程可以顺利进行。虽然相关人员未在本案一同处理，但是仍然可以看出企业破产犯罪无论在涉案金额以及涉案人员规模上，都要比一般的刑事犯罪具有更恶劣的社会影响。一个正常营利的企业就此走向"死亡"，对于国家经济发展是极其不利的。被告人的破产申请被成功受理，并且最终达到了债务免除的目的，此时债权人的权利在民事诉讼程序上，是无法得到有效救济的。正因为刑事案件的案发，才将原本不应该被免除而被错误免除的债务暴露出来，此时放贷的金融机构合法权益已经遭到损害，可以通过司法途径来维护其合法权益。虚假破产的涉案企业在申请破产前夕向金融机构申请贷款的行为是否涉嫌骗取贷款？金融机构的合法债权如何实现？这些问题也需要公安机关、司法机关及时查清，依法处理。

（二）妨害清算罪

《刑法》第一百六十二条规定："公司、企业进行清算时，隐匿财产，对资产负债表或者财产清单作虚伪记载或者在未清偿债务前分配公司、企业财产，严重损害债权人或者其他人利益的，对其直接负责的主管人员和其他直接责任人员，处五年以下有期徒刑或者拘役，并处或者单处二万元以上二十万元以下罚金。"

本罪的主体是特殊主体，即进行清算的公司、企业。由于公司、企业已依法解散、被责令关闭或者被宣告破产，所以，构成本罪的犯罪行为实际上是由清算组代表公司、企业所实施的，承担刑事责任的清算组成员中直接负责的主管人员和其他直接责任人员。本罪在主观上只能由故意构成，即明知隐匿公司财产、对资产负债表或者财产清单作虚假记载，或者清偿债务前分配公司财产会损害债权人或者其他人的利益，而故意实施。

本罪侵犯的客体是国家公司、企业管理制度以及债权人或其他人的合法权益。清算的目的是了结、清理公司、企业的债权债务，保护债权人的利益、并在能够清偿公司、企业债务的情况下，分配公司、企业的所有财产。可见，清算活动与公司、企业股东以及其他债权人、债务人有着直接的经济利害关系。行为人如果在清算组进行清算期间，为了隐匿财产而制作虚假的资产负债表或财产清单，或者在公司、企业债务尚未清偿之前私自分配公司、企业财产，这种行为不仅会造成公司、企业清算工作失去真实的、客观的依据，给公司、企业清算工作增加难度，更为严重的是妨害了对公司、企业财产的清理，侵害了债权人或其他人的合法权益。本罪在客观上表现为在公司、企业清算时，隐匿财产，对资产负债表或者财产清单作虚伪记载或者未清偿债务前分配公司、企业财产，严重损害债权人或者其他人利益的行为。

案例

【案件基本信息】

裁判文书号：（2021）浙0681刑初1285号

案由：妨害清算罪案

公诉机关：浙江省诸暨市人民检察院

被告人：赵某

【基本案情】

原诸暨市大唐长街道某彩印厂系章某琴（已判决）于2002年9月在本市大唐街道上香头工业园区成立并实际经营的个人独资企业。2013年10月15日，因经营不善，为隐匿财产，章某琴与被告人赵某签订虚假的房屋转让协议，约定某彩印厂以100万元的价格将该厂厂房2-5层共计1322平方米转让给被告人赵某，并以二人银行交易明细、现金收款作为支付凭证。2015年11月16日，因无法继续经营，章某琴遂以某彩印厂的名义向诸暨市人民法院申请破产。同年12月16日，法院受理该案，并指定浙江浣纱律师事务所作为资产管理人，以上犯罪行为在破产清算过程中案发。经审理，法院认为赵某构成妨害清算罪，并结合其犯罪未遂、坦白、认罪认罚等情节，判处其有期徒刑九个月，缓刑一年。

【案例分析】

妨害清算罪风险类型属于"破产欺诈类",本案被告人并非企业内部人员也非破产程序的参与人,但是通过与破产企业内部人员进行串通对企业财产进行了处分,成为妨害清算罪的共犯。可见,破产犯罪的犯罪主体并不限于破产程序的参与方,与破产企业有利害关系的人也可能涉嫌破产犯罪。在企业经营过程中,不仅需要让自己的企业合法合规运作,如若碰到关联公司、亲属公司等主体因为经营不善寻求帮助,提出帮忙转移、隐匿资产的,一定要三思而后行。即使在这个过程中己方没有获利,但是并不影响犯罪的构成,严重者可能导致企业涉嫌犯罪,造成严重不利后果。

【虚假破产罪与妨害清算罪的区分】

虚假破产罪和妨害清算罪的客观方面都可能表现为"转移资产",虚假破产罪中的"虚假"主要指实际上企业并不具备破产原因而伪造出虚假的破产原因,进而达到可以申请破产的目的。简而言之就是把经营正常的企业,伪造出"资不抵债"的假象,将本不应启动的破产程序"依法"启动,最终达到通过破产程序逃避民事债务的目的。妨害清算罪中,破产企业偿债不能、资不抵债的事实客观存在,符合申请破产的条件,是否转移资产并不会影响破产申请的受理。

(三)隐匿、故意销毁会计凭证、会计账簿、财务会计报告罪

《刑法》第一百六十二条之一规定:"隐匿或者故意销毁依法应当保存的会计凭证、会计账簿、财务会计报告,情节严重的,处五年以下有期徒刑或者拘役,并处或者单处二万元以上二十万元以下罚金。单位犯前款罪的,对单位判处罚金,并对其直接负责的主管人员和其他直接责任人员,依照前款的规定处罚。"

本罪的主体既可以为自然人,也可以是单位。自然人作为本罪的主体,主要是公司、企业内部的会计人员,有关主管人员和直接责任人员,其他工作人员一般不属于本罪主体,但可以成为本罪的共同犯罪主体。本罪的主观方面由故意构成,即行为人明知会计凭证、会计账簿、财务会计报告应当依法保存,故意予以隐匿或者销毁。行为人隐匿或者故意销毁财会凭证一般具有某种目的,如逃避监督检查、清算等。过失不构成本罪。

该罪侵害的客体是国家对公司、企业的财会管理制度。本罪的客观行为主要表现为两个方面：一是隐匿财会凭证的行为，即以各种方式将公司、企业的有关财会凭证转移、藏匿或隐瞒起来的行为。二是故意销毁财会凭证的行为，即未经有关部门批准、不按会计档案的保管期限和销毁办法擅自毁掉应当保留的财会凭证的行为。

行为人构成本罪以违反有关财会管理法律、法规为前提。根据《会计法》的规定，会计凭证、会计账簿、财务会计报告和其他会计资料，应当按照国家有关规定建立档案，妥善保管。会计档案的保管期限和销毁办法应按照国务院、财政部或有关部门制定的标准办理。行为人隐匿或故意销毁依法应当保存的财会凭证，其行为触犯了国家会计管理法律、法规，因而具有违法性，这也是行为人构成本罪的前提条件；行为人犯罪情节是否严重是构成本罪的法定要件。只有那些情节严重的隐匿、故意销毁财会凭证行为才能构成本罪，情节较轻的隐匿、故意销毁财会凭证行为一般不以犯罪论处。

案例

【案件基本信息】

裁判文书号：（2020）陕0116刑初433号

案由：隐匿会计账簿罪

公诉机关：西安市长安区人民检察院

被告人：王某

【基本案情】

2018年12月14日，西咸新区公安局沣东新城分局对陕西甲网络科技股份有限公司涉嫌非法吸收公众存款一案进行了立案侦查。陕西乙控股集团有限责任公司系陕西甲网络科技股份有限公司上级公司。2018年12月7日，陕西乙控股集团有限责任公司通知各部门可能有客户来公司闹事，要求各部门将贵重物品妥善保管。时任陕西乙控股集团有限责任公司财务总监助理的被告人王某将该公司位于乙×××42层机房存有电子账目的2台金蝶财务管理软件服务器转移至5层该公司下属的旅行社办公室内。2018年12月21日，公安机关对乙×××42层的乙集团办公区及服务器机房进行了搜查，搜查工作全程由被告人王某配合并见证。搜查中，公安机关在42层机房现场扣押了5台服务器，被告人王某明知还有2台服务器不在其中但隐瞒不报。2018年12月22日，公安机关通过监控发现有2台服务器被被告人王某转移至5楼，遂将该两台金蝶服务器扣押。2018年12月26日，公安机关多次询问被告人王某金蝶服务器的情况，被告人王某明知其转移的2台服务器系金蝶服务器的情况下，均不承认隐匿金蝶服务器的事实。经对被告人王某隐匿的2台金蝶服务器进行识别和审计，被告人王劲隐匿的2台金蝶服务器是证明陕西甲网络科技股份有限公司涉嫌非法吸收公众存款一案的重要证据。最终，法院以犯隐匿会计账簿罪，对王某判处拘役六个月，宣告缓刑一年，并处罚金。

【案例分析】

隐匿会计账簿罪风险类型属于"破产欺诈类"，会计资料不仅仅限于书面形式，《会计档案管理办法》第七条规定"单位可以利用计算机、网络通信等信息技术手段管理会计档案"，所以案中服务器存储的电子数据亦是法律规定的"会计凭证、会计账簿、财务会计报告"的一种形式。本案中，被告人看似只是单纯行使了转移电脑主机的行为，并且可以维护、整理等理由将违法行为合理化，但是通过种种客观行为可以推断其主观目的违法，最后将其定罪。

本罪是故意犯罪，行为人在实施犯罪行为之前，主观意志因素方面具有明确的犯罪目的。在刑事犯罪中主观目的证明，往往是结合客观事实予以综合认定，所以即使主观上并无违法犯罪的故意，但是客观上行使了隐匿、销毁等行为，也有可能会被推断为违法犯罪行为。所以在公司经营、检查等过程中，一定要注意有关文书及电子资料的保存，积极配合行政司法机关进行检查，避免无违法犯罪故意而涉嫌犯罪的情况。

（四）非法吸收公众存款罪

《刑法》第一百七十六条规定："非法吸收公众存款或者变相吸收公众存款，扰乱金融秩序的，处三年以下有期徒刑或者拘役，并处或者单处罚金；数额巨大或者有其他严重情节的，处三年以上十年以下有期徒刑，并处罚金；数额特别巨大或者有其他特别严重情节的，处十年以上有期徒刑，并处罚金。单位犯前款罪的,对单位判处罚金,并对其直接负责的主管人员和其他直接责任人员,依照前款的规定处罚。"

本罪的主体为一般主体,凡是达到刑事责任年龄且具有刑事责任能力的自然人均可构成本罪的主体。根据上述第一百七十六条第二款的规定,非法吸收公众存款罪可以由单位实施,且在单位构成该罪时,对单位及其直接责任人员、主管人员均应进行处罚,属于双罚制。本罪在主观方面表现为故意,即行为人必须是明知自己非法吸收公众存款的行为会造成扰乱金融秩序的危害结果,而希望或者放任这种结果发生。

本罪侵犯的客体是国家金融管理制度。本罪的犯罪对象是公众存款。所谓存款,是指存款人将资金存入银行或者其他金融机构,银行或者其他金融机构向存款人支付利息的一种经济活动。所谓公众存款是指存款人是不特定的群体,如果存款人只是少数个人或者是特定的,不能认为是公众存款。

本罪在客观方面表现为行为人实施了非法吸收公众存款或变相吸收公众存款的行为。一是以非法提高存款利率的方式吸收存款,扰乱金融秩序;二是以变相提高利率的方式吸收存款、扰乱金融秩序;三是依法无资格从事吸收公众存款业务的单位非法吸收公众存款,扰乱金融秩序。对此类行为,无论其是否提高了国家规定的存款利率、也不问其是否采取了其他变相提高存款利率的手法来吸收存款,只要其从事了"吸收公众存款的行为"即属"非法"行为,一概构成本罪。本罪是行为犯,行为人只要实施了非法吸收公众存款或者变相吸收公众存款,扰乱金融秩序的行为,即便构成本罪既遂。

案例

【案件基本信息】

裁判文书号:(2020)鲁1691刑初31号

案由:非法吸收公众存款罪

公诉机关:滨州经济技术开发区人民检察院

被告人:滨州某曲轴有限责任公司、丁某

【基本案情】

2001年5月30日,被告单位滨州某曲轴有限责任公司通过国有企业改制注册成立,被告人丁某为法定代表人兼董事长,注册资本2206万元人民币，经营范围曲轴、活塞、铸件、车桥加工等。该公司经营产生收益后，开始吸收职工股权分红并承诺还本付息，后续有职工工资、职工个人存款存入公司。2007年开始，通过公司人员"口口相传"，该公司吸收资金的信息在社会上传播。2007年至2015年，该公司未经有关部门依法批准，陆续吸收张某、曲某、马某等社会人员的存款，共计10 978 400元。该公司向外部存款人出具"收据""存折"等凭证，利息与内部职工相同，并承诺在一定期限内还本付息，吸收的资金由公司统一管理使用。最终，法院以非法吸收公众存款罪，判处被告单位罚金15万元；以非法吸收公众存款罪，判处被告人丁某有期徒刑三年缓刑四年，并处罚金8万元。

【案例分析】

依据最高人民法院2010年颁布、2022年修正的《关于审理非法集资刑事案件具体应用法律若干问题的解释》第一条规定，非法吸收公众存款罪的成立要件包括非法性、公开性、利诱性和社会性等四个特性。显然，这"四性"特征共同构成了非法吸收公众存款罪的成立标准，这也是规范层面的民间融资刑事法律边界。非法性主要是指相关单位不具备相应资质，未经有关部门依法许可而从事吸收资金的业务；公开性指的是通过一定途径向社会公开宣传，使社会大众所知晓；利诱性指的是通过承诺在一定期限内还本付息或者给付回报，从而达到将他人存款吸收过来的目的；社会性指的是面向的是社会公众吸收资金，并非亲友、公司员工等内部特定人员。

非法吸收公众存款罪风险类型属于"经营管理类"，很多企业在经营过程中需要大量资金，通过向公司员工吸收资金然后分配股权的现象也很普遍，并不属于刑法的规制范畴。通过这个案例也可以看出，单位前期向员工吸收资金因不具备"对象不特定性"而不构成非法吸收公众存款罪，但在集资后期明知是社会人员的资金而放任继续吸收资金，且数额巨大，就构成了非法吸收公众存款罪。

（五）集资诈骗罪

《刑法》第一百九十二条规定："以非法占有为目的，使用诈骗方法非法集资，数额较大的，处三年以上七年以下有期徒刑，并处罚金；数额巨大或者有其他严重情节的，处七年以上有期徒刑或者无期徒刑，并处罚金或者没收财产。单位犯前款罪的，对单位判处罚金，并对其直接负责的主管人员和其他直接责任人员,依照前款的规定处罚。"

本罪的主体是一般主体,任何达到刑事责任年龄,具有刑事责任能力的自然人均可以成为本罪的主体,法律规定,单位也可以成为本罪的主体。本罪在主观方面表现为故意,且以非法占有为目的,犯罪行为人在主观上具有将非法聚集的资金据为己有的目的,既包括将非法募集的资金置于非法集资的个人控制之下,也包括将非法募集的资金置于本单位的控制之下。在通常情况下,这种目的具体表现为将非法募集的资金的所有权转归自己所有、或任意挥霍,或占有资金后携款潜逃等。

本罪侵犯的客体是复杂客体,既侵犯了公私财产所有权,又侵犯了国家金融管理制度。本罪在客观方面表现为行为人必须实施了使用诈骗方法非法集资,数额较大的行为。构成本罪行为人在客观方面应当符合以下条件:一是必须有非法集资的行为。所谓集资,是指自然人或者法人为实现某种目的而募集资金或者集中资金的行为。二是集资是通过使用诈骗方法实施的。所谓使用诈骗方法,是指行为人以非法占有为目的,编造谎言,捏造或者隐瞒事实真相,骗取他人的资金的行为。三是使用诈骗方法非法集资必须达到数额较大,才构成犯罪,否则不构成犯罪。

该罪与诈骗罪属于一般法条与特殊法条的关系,构成集资诈骗罪的行为一定符合诈骗罪的构成要件,但是构成诈骗罪的行为并不一定会涉嫌集资诈骗罪。集资诈骗罪侵犯的客体是复杂客体,包括"公私财物所有权"和"国家金融管理制度";诈骗罪侵犯的客体仅是"公私财物所有权"。虽然两罪的手段都体现为"骗",但是诈骗罪欺骗的对象是特定的,且骗来的不限于"钱",也可能是其他"物";集资诈骗罪欺骗的对象更为广泛,是不特定人,且骗来的多为"资金"。

案例

【案件基本信息】

裁判文书号:(2019)皖0202刑初108号

案由:集资诈骗罪

公诉机关:安徽省芜湖市镜湖区人民检察院

被告人:王某明、郎某彬

【基本案情】

2012年9月26日,被告人王某明注册成立杭州千岛湖某农业开发有限公司,在浙江淳安县承包林地种植山核桃。因缺少资金,2017年3月31日,被告人王某明在芜湖成立了杭州千岛湖某农业开发有限公司芜湖分公司,由被告人郎某彬担任该公司负责人。芜湖分公司从成立后,被告人王某明、郎某彬通过招揽业务团队,散发宣传单、召开投资人大会的方式,对外宣传杭州千岛湖某农业开发有限公司万亩山核桃基地、资产上亿,以扩大山核桃等农副产品和中草药加工厂房建设等理由,并许以高额利息,向社会不特定人员吸收资金。自2017年4月至7月期间,合计向45名人员非法集资共计人民币1 046 050元,支付利息11 400元,造成损失1 034 650元。最后法院以非法吸收公众存款罪对二被告人判处有期徒刑四年六个月,并处罚金人民币十万元。

【案例分析】

集资诈骗罪风险类型属于"经营管理类",以项目投资为名承诺高息吸引不特定对象投资是该罪的典型行为模式。本案审理过程中,争论焦点主要是"在集资时,二被告人是否具有非法占有目的",公诉机关认为二被告人在集资时所宣传的有关公司经营事实是虚假的、不存在的,而辩护人提出了相反的意见。法院经审理结合有关书证及证人证言,认为在集资期间,该公司仍然有实际经营行为,结合种植业的投资回报周期较长,且在集资过程中宣传的扩大业务、建设厂房等确实存在的情况,认定二被告人集资时不属于"虚假宣传",从而未认定"非法占有目的"。

【非法吸收公众存款罪与集资诈骗罪的区分】

集资诈骗罪与非法吸收公众存款罪均属于《刑法》第三章规定的"破坏社会主义市场经济秩序罪"的内容,均表现为无相应资质而向不特定公众承诺还本付息吸收存款,且很可能均未对被害人进行偿还。非法集资罪主要目的是将不特定人的资金吸收,然后将资金用于投资,通过投资回报的钱对本金及利息进行支付;而集资诈骗通常是通过虚构事实的手段吸收不特定人的资金,行为人的目的就是非法占有吸收来的资金。

对于非法吸收公众存款罪,即使被害人的本金和利息实际上并未得到支付,但是在行为人吸收资金当时具有偿还可能性;而对于集资诈骗罪,行为人吸收资金当时并无偿还意向，被害人处分资金的原因是被欺骗情况下的错误认识。集资诈骗罪具有非法占有资金的目的，而非法吸收存款罪目的是通过吸收资金进行营利；相对应的集资诈骗罪侵犯了金融管理制度和被害人的财产利益，非法吸收公众存款罪仅侵犯国家金融管理制度。

结合《刑法》中对于非法吸收公众存款罪规定的"非法吸收公众存款或者变相吸收公众存款，扰乱金融秩序的"，以及对于集资诈骗罪规定的"以非法占有为目的，使用诈骗方法非法集资"，可见两罪的区别主要在于行为人是否具有"非法占有目的"，具有非法占有目的的构成集资诈骗罪，不具有非法占有目的的构成非法吸收公众存款罪。通过"（五）集资诈骗罪"中案例，被告人在吸收资金时是否进行虚假宣传、向被害人承诺的高利回报是否具有实现可能性等客观事实，是判断"非法占有目的"的一个重要参照。也因为非法吸收公众存款罪的法定刑低于集资诈骗罪，在实务办案过程中"非法占有目的"的认定也是辩护人辩护的主要方向。

（六）虚开增值税专用发票罪

虚开增值税专用发票罪虽不属于典型的破产犯罪，但是属于民营企业中比较高发的犯罪，一旦企业涉嫌该罪然后被查处，企业就面临着法定代表人被羁押、全额补税、资金链断裂等问题，对于中小企业来说是难以承受的。本罪侵犯的客体是国家税收管理制度，行为人主观方面为故意，一般具有牟利的目的；客观方面表现为没有货物购销或者没有提供或接受应税劳务，而为他人、为自己、让他人为自己、介绍他人开具增值税专用发票。

案例

【案件基本信息】

裁判文书号：（2023）湘1291刑初13号
案由：（2023）湘1291刑初13号
公诉机关：怀化市洪江人民检察院
被告人：杨某庆

【基本案情】

2017年9月15日，被告人杨某庆借用卢某（系杨某庆的老乡）的身份证注册了怀化甲物资贸易有限责任公司（以下简称甲公司），登记的法定代表人为卢某，但卢某未参与公司经营，杨某庆是公司实际控制人。2020年至2021年期间，杨某庆在与下列五家公司没有真实货物交易的情况下，以甲公司的名义向贵州乙管家建设工程有限公司（以下简称乙公司）、湖南省丙消防器材有限公司（以下简称丙公司）、扬州丁建材有限公司（以下简称丁公司）、怀化戊建筑工程有限公司（以下简称戊公司）、湖南己石业有限公司（以下简称己公司）虚开增值税专用发票共计135张，价税合计5 957.311 047万元，税额合计685.354 372万元，上述发票均已抵扣税款。甲公司收到上述五家公司走账资金后，杨某庆扣除开票费后余款转回上述五家公司，杨某庆共从中赚取开票费427.618 404万元。经审理，法院判处杨某庆有期徒刑六年，并处罚金人民币二十五万元。

【案例分析】

虚开增值税专用发票罪风险类型为"经营管理类"，《刑法》第二百零五条规定，虚开增值税专用发票或者虚开用于骗取出口退税、抵扣税款的其他发票，是指有为他人虚开、为自己虚开、让他人为自己虚开、介绍他人虚开行为之一的。本案中，被告人的行为模式属于法律规定的"为他人虚开"，需要注意的是：根据我国税务有关法律及实务操作，因开具的发票无真实生产经营业务，本质上并没有增值税应税行为发生，因此不产生相应的增值税纳税义务，虚开的增值税发票不缴纳增值税。此种行为模式造成国家税收损失的原理是：根据《增值税暂行条例》第四条第一款规定"应纳税额计算公式：应纳税额＝当期销项税额－当期进项税额"，第八条第二款规定"下列进项税额准予从销项税额中抵扣：（一）从销售方取得的增值税专用发票上注明的增值税额"，接受发票的一方将虚开的发票在计算增值税时进行了抵扣，"应纳税额"相应减少。

【法律、政策依据】

1995年10月30日，全国人大常委会颁布的《关于惩治虚开、伪造和非法出售增值税专用发票犯罪的决定》（中华人民共和国主席令第五十七号），明确设立"虚开增值税专用发票罪"是"为了惩治虚开、伪造和非法出售增值税专用发票和其他发票进行偷税、骗税等犯罪活动，保障国家税收"。这一立法目的表明，国家设立虚开增值税专用发票罪的刑事政策导向，是通过惩治破坏增值税征收管理秩序的行为，保障国家税收免受损失。张明楷教授认为："虚开增值税专用发票罪属于抽象的危险犯，司法机关应以一般的经济运行方式为根据，判断是否具有骗取国家税款的危险。如果虚开、代开增值税等发票的行为不具有骗取国家税款的危险，则不宜认定为本罪。"

最高人民法院关于湖北汽车商场虚开增值税专用发票一案的批复（刑他字〔2001〕36号）中载明"被告人虽然实施了虚开增值税专用发票的行为，但客观上未实际造成国家税收损失的，其行为不符合刑法规定的虚开增值税专用发票罪的犯罪构成，不构成犯罪"。《最高人民检察院关于充分发挥检察职能服务保障"六稳""六保"的意见》第6项载明"依法慎重处理企业涉税案件。注意把握一般涉税违法行为与以骗取国家税款为目的的涉税犯罪的界限，对于有实际生产经营活动的企业为虚增业绩、融资、贷款等非骗税目的且没有造成税款损失的虚开增值税专用发票行为，不以虚开增值税专用发票罪定性处理，依法作出不起诉决定的，移送税务机关给予行政处罚"。

目前我国的经济发展形势及政策趋势，对于民营经济的发展是大大鼓励并支持的。2022年的"两高"报告（即最高人民法院报告、最高人民检察院报告）提出，在我国深入开展大众创业万众创新的环境下，处理经济纠纷审慎适用刑罚措施，要健全行政执法与刑事司法衔接机制，落实侦查监督与协作配合机制，避免出现用刑事手段干预经济纠纷，进一步减轻市场主体的顾虑，让企业家安心创业，为社会创造更多财富、激发更大活力，为经济社会发展作出更大贡献。创业不易，广大市场主体也应强化学法守法用法的意识，以合法经营夯实行稳致远的基础。

一方面，惩罚犯罪是刑法永恒不变的主题，应严厉打击利用非法手段侵犯他人合法利益的犯罪行为；另一方面，企业会进行大量的民事活动，产生纠纷无法避免，要避免将民事案件上升到刑事案件处理。单位犯罪、违规的后果，轻者影响正常的招投标、资格申请等事项，重者会导致企业"死亡"，在法律适用过程中，合理区分民商事行为、犯罪行为以及罪与非罪对营造良好的营商环境具有重要意义。诚然，实务办案中的情况复杂多变，仅通过两组罪名的对比对有关情形进行分析，并不能涵盖全部的司法实践。复杂情况下，罪名之间并不会如此界限分明，控、辩、审三方的意见很可能无法一致，甚至可能出现三种意见。刑事案件审理过程中，正是通过控、辩之间的交流与辩论，才会将案件事实越辩越明，也能给法官提供一个更为客观的角度看待案件，最终作出公正的裁判。

四、企业破产中的刑事风险规制对策

(一) 我国破产犯罪法律规定的特点

从现行的刑法规定来看，相较于域外的刑法对破产犯罪的规定，我国刑法对破产犯罪的规定呈现出线条性、分散式的特性。德国刑法就以专门一章对破产犯罪进行了规定。例如，《德国刑法典》第283条关于破产犯罪的规定，该条共六款，第一款和第二款的行为类型相同，两者最大的不同体现为实施破产犯罪的时间不同。第一款着重处罚公司已经无法清偿到期债务，即已经出现破产的情形时，仍实施财产减少的行为；第二款则体现了预防的视角，在危机尚未变成实际发生时，因实施了财产减少的行为导致公司资不抵债或者无力偿债。因此，立法者所要着重打击的行为是破产欺诈行为，具体体现为：①转移、隐匿或其他不当手段处分破产财产；②以违反正常的经济的要求的行为对破产人的财产进行不适当的交易，或以其他方式，例如赌博等方式使破产财产减少或使破产人负债；③转让或者其他不当处理的方式对债券或货物进行赊欠；④擅自虚构或承认他人对破产人的债权；⑤对商业账簿进行虚假记载或者不记载；⑥公司或者企业在保管期限前转移、毁弃、隐藏或者损坏有义务保管的商业账簿或其他资料，致使债权人或者其他人对其的财产款项难以查阅；⑦违反商法的规定；⑧以其他违反通常经济的要求的方式。《德国刑法典》第283条其他几款分别规定了处罚未遂犯的规定、处罚过失犯的规定等。

1997年我国刑法规定了妨害清算罪，1999年《刑法修正案（一）》增设了隐匿、故意销毁会计凭证、会计账簿、财务会计报告罪，2006年《刑法修正案（六）》新增了虚假破产罪。从立法沿革来看，我国关于破产的犯罪规定较德国的以专章形式的规定呈现出分散式的特点。在体系位置上，前述的三个罪名都在刑法分则第三章之下的"妨害对公司、企业的管理秩序罪"的规定之中，故从体系解释的视角来看，我国对破产犯罪所要保护的法益更多地体现为公司、企业的管理秩序，即偏向于公法益的保护，但是值得注意的是偏向于公法益的保护并不等同于不保护个人法益；而德国刑法着重打击的是实施财产减少的行为，保护的重点更多体现为保持公司的财产维持现状，以期债权人的利益可以得到最大程度的满足。

在破产或清算的过程中，常见的刑事罪名除了妨害清算罪，隐匿、故意销毁会计凭证、会计账簿、财务会计报告罪，虚假破产罪外，还有虚假诉讼罪、职务侵占罪、虚开增值税专用发票罪等罪名。一般而言，前面的三个罪名一般被认为是破产犯罪的下位概念，在这种意义上可以称为纯正的破产犯罪，而后面的三个罪名并不一定限定于破产或清算时，故可以称之为非纯正的破产犯罪，需要特别说明的是，隐匿、故意销毁会计凭证、会计账簿、财务会计报告罪本质上也未限定在破产或清算程序中，但由于其与妨害清算罪（或虚假破产罪）具有高度的并发性，故本文将其纳入纯正的破产犯罪之中。除此之外，有论者以直接或间接为标准，将纯正的破产犯罪称为与破产清算直接相关的犯罪，将其他罪名统一纳入破产清算间接相关的罪名。此种分类与本文的分类存在形式上的不同，不存在实质的不同。

为了规范破产和清算行为，本文以纯正的破产犯罪为视角，破解刑事破产中可能存在的刑事风险。

刑事破产中，可能面临风险的主体主要为两大类：第一类是债务人（即破产或被清算的公司）的风险；第二类是债权人的风险。

（二）债务人的刑事破产风险应对之策

就债务人而言，其在不同阶段面临的风险并不相同。因此，下面以进入破产或清算程序为时点，分别就未进入破产或清算程序、已进入破产或清算程序提出不同的应对之策。

1. 未进入破产或清算程序风险应对

公司没有进入破产或清算程序，证明此时公司从形式上来看还处于正常运转的状态，但是，并不意味着此时可以顺其自然，任其发展。我们一定要建立刑事法律风险防控机制，保障企业依法运行。一方面，可以减少和有效地应对一些风险；另一方面，即使进入了破产或清算程序中，因为管理合法、规范，公司直接负责主管人员被追诉的风险也会大大降低。

刑事法律风险防控机制的构建应具备三个要素，即理念、人、制度。

理念，指要转变以往对刑事法律风险不重视的思想，将刑事法律风险的防控放到企业生死存亡的高度来认识。人，指要有专业的人、专门的人来从事刑事法律风险的防控。制度建设是防范风险的主要手段和途径，完善的制度不受人事更替影响，能够稳定而持续地发挥作用。从制度发挥作用的阶段来划分，制度建设分为三个方面，分别是事前预防机制、事中处置机制和事后完善机制。

（1）事前预防机制。

事前预防机制是通过完善的内部管理体制和风险防范预警机制，未雨绸缪，避免刑事法律风险的发生。通过建立刑事法律"防火墙"，防患于未然，将法律风险挡在企业发展之外，使企业实现可持续发展。建立事前预防机制应当经过以下步骤：① 查找风险点，给企业进行全面体检。企业因经营范围、经营模式、管理制度不同，存在的风险各不相同，因此没有哪一套风控制度具有普适性。要想预防机制起作用，必须量体裁衣，先找准各个环节潜藏的风险。因此对企业各项制度、经营的各环节都要进行一遍全面的梳理，查找漏洞、风险可能存在的地方，为下一步建立具有针对性的风控制度打下可靠的基础。查找风险点通常有三种方式：一是对企业各岗位职责，尤其是高管人员的岗位职责进行检视。主要查找权力行使的条件和程序有没有不受监控的脱管环节，从而防止高管任意妄为。二是对企业的管理制度，包括人事管理、财务管理及经营管理制度等进行梳理。重点查找有没有违法的规定和不受监督制约的环节。三是对企业已发案件（包括刑事和民事）进行收集整理，归纳特点，找到企业易发风险点。② 建立风险防控机制。在前述查找风险点的基础上，对照现有法律规定，对存在风险的制度进行修正，或建立新的防范制度。没有风险隐患的制度应该满足以下两个要求：制度本身的规定要合法合规，不仅要符合法律，还要符合政策、主管部门的规定以及党内规定等。各项权力都应有监督、有制约，不受监督制约的权力被滥用的可能性是极大的。③ 对外的重大投资和交易行为要经过刑事合规审查。通常情况下，公司的重大投资和交易行为都会经过法律合规审查，但都是从民法、经济法角度，甚少从刑法角度进行审查。但刑事合规审查却是很有必要的，如单位集资行为把握不好边界就会涉嫌非法吸收公众存款罪，单位贷款行为也有可能涉嫌骗取贷款罪、贷款诈骗罪或高利转贷罪。④ 检查落实。制度最重要的生命力不在于制定，而在于执行。所以在制定制度后，不能成为一纸空文，束之高阁，而应经常检查落实情况。通过检查，发现贯彻落实过程中存在的问题，及时解决或修订。

（2）事中处置机制。

当法律风险来临，而具体的危害结果还没有到来时，应当积极配合，准确应对，妥善处理，争取最低程度的损害结果。及时处置，有可能消弭风险，也有可能降低风险，至少也能转被动为主动。风险应对，主要有以下三个环节：① 调查了解，分辨风险类别。当刑事风险来临时，需要及时向专业人员咨询。通常这几种情况下要立即采取行动：就某具体事项被司法机关、监察部门、税务部门询问或者立案调查；单位或个人被举报、控告；单位财产发生重大损失；合作单位或个人因与本单位相关业务而被刑事立案。专业人员对是否存在刑事法律风险进行诊断，对企业或者自然人所从事的相关活动是否涉及犯罪进行全面调查，对这些交易和经营活动的细节进行了解和分析。通过调查了解，确定行为的法律性质，如果是普通的民事法律关系可以通过民事诉讼来解决；如果面临行政处罚，则要依照《行政处罚法》和相关法规、规章等规定，积极应对行政处罚。如果涉及刑事法律，则针对各个行为的性质和严重程度，根据法律规定，明确指出这些行为究竟构成哪些罪名，可能导致的结果是什么。② 采取最优应对策略。在明确了风险的性质和类型后，就要立即采取相应处置措施。对于企业被侵害的风险，要在立案前辅助、指导企业及其法定代理人进行刑事控告，推动侦查机关立案侦查，并在侦查过程中配合公安机关的工作，尽快锁定嫌疑人，查封、扣押涉案财物，挽回经济损失。对于企业涉嫌犯罪的风险，则应当在法律允许的范围内，提出具体补救措施，或是使行为改变性质，或是减轻罪责。如涉嫌逃税犯罪，应立即补缴税款；涉嫌贷款诈骗、骗取贷款罪等，应立即归还贷款；涉嫌合同诈骗，立即退回相应款项、还清相应债务、补齐相应合同等。总之，只要刑事风险来临，不能坐以待毙，要主动、准确应对，争取无罪化处理或罪轻处理，为企业及其人员争取最大利益。③ 由专业人员协助参与刑事诉讼。如果进入刑事诉讼程序，则需要有专业人员协助。刑事诉讼程序涉及公检法三个部门，适用刑法、刑事诉讼法和纷繁复杂的司法解释，案件经过侦查、审查逮捕、审查起诉、审判等基本环节，还有可能经过上诉或抗诉、复议、复核、申请再审等阶段，无论是实体还是程序均比较复杂。因此，进入诉讼后需要有专业人员协助，帮助当事人了解相关罪名的构成要件及证据标准，指导当事人在每个诉讼阶段正确行使诉讼权利，使当事人能够对照犯罪构成要件进行自我辩护。无论是被害人，还是犯罪嫌疑人，都可以由专业人员担任诉讼代理人或辩护人，通过细致分析行为性质、调查取证以及与司法机关的有效沟通，从实体和程序两方面充分保障当事人的权益，将损害程度降到最低。

（3）事后完善机制。

亡羊补牢，为时未晚。每一次惨痛的教训都能总结出有益的经验。刑事法律风险处理完毕后，应立即进行总结和再检视，查找风险发生的原因，重构更加严谨的制度。如果制度存在漏洞给犯罪分子留下可乘之机，说明事前的风险防控机制还不够完善，应针对性地修正制度，弥补过失。如果是制度执行不力，则在执行上狠下功夫，强化日常的监督落实。如果是因为不熟悉刑事法律发生的案件，说明法治培训和宣传还不够，应继续加大培训力度，扩大培训覆盖面，拓展培训的深度。如果是廉政方面的问题，则应强化廉政教育，警钟长鸣。如果犯罪完全是意外或不可控的，也应该从偶然性中找到必然性，在常规制度之外增加防控风险的多元化机制。

2. 进入破产或清算程序的风险应对

当公司、企业进入到破产或清算的程序后，意味着前期预防措施没有达到预期的效果。此时，债务人面临的最大刑事风险是存在被追诉的可能，因此，需要根据纯正的破产犯罪下的不同罪名来具体分析，以求"对症下药"。

（1）虚假破产罪。

根据《刑法》第一百六十一条之二的规定，本罪的犯罪主体应为自然人，不应为单位犯罪，但学界也存在不同的看法，如有学者指出本罪的犯罪主体包括公司企业，原因或许在于法条规定了对直接负责的主管人员和其他直接责任人员处以五年以下有期徒刑，并处罚款。结合《刑法》第三十一条的规定"单位犯罪的，对单位判处罚金，并对直接负责的主管人员和其他直接责任人员判处刑罚"，于是认定本罪的犯罪主体包括单位。但是此种看法存在以下问题：第一，《刑法》第三十条明确规定了"公司、企业、事业单位、机关、团体实施的危害社会的行为，法律规定为单位犯罪的，应当负刑事责任。"表明单位犯罪的主体应由法律明确规定，比如《刑法》一百六十二条之一规定的隐匿、故意销毁会计凭证、会计账簿、财务会计报告罪中的第二款明确规定了单位犯前款罪的对单位判处罚金，但是虚假破产罪的规定中并无此类表述。第二，即使认为虚假破产罪的主体可以为单位，需要回答的下一个问题就是，对单位判处何种刑罚，抑或是否按照刑法总则的规定来判处罚金？但是这种处理的方式与刑法分则规定的单位犯罪的方式并不一样，这种区别对待需要进一步解释。若坚持认为单位可以成为虚假破产罪的主体，但同时承认刑法分则未规定刑罚，便会得出此种刑法规定有违反刑法法定原则中的明确性要求，应予以摒弃的结论。基于此，笔者认为单位犯罪的主体为自然人，不包括单位。

本罪的行为模式包括隐匿财产、承担虚假债务以及以其他方式转移、处分财产。所谓"隐匿财产"，通常表现为将公司、企业的财产予以转移、隐藏使之不能依破产程序进行有效的处分，或者对于其财务信息不予披露，对公司、企业的财产清单和资产负债表作虚假记载，采用少报、低报等采取他人不知的手段隐瞒的手段，故意隐瞒、缩小公司、企业财产的实际数额。"承担虚假债务"指承担本来不存在的债务，或者夸大原来债务状况，公司、企业利用与第三人之间不存在的债务转移财产，减少了破产财产的实际数额从而损害了其他债权人的合法权益。该行为就是通过债务人主观上凭空捏造根本不存在的债务，增加债权人的人数，或者把原来较低数额的债务认为较高的数额，增加债务人的负担，不管是债务人主动的，还是被动接受的，其目的都在于通过增加债权人数额或者是提高债权数额以减少真偿的份额，损害真正债权人的利益，因此该行为无效。"以其他的方式转移、处分财产"包括以不合理的高价（通常表为高于市场价的30%以上）买进财产或以不合理的低价（通常表为低于市场价的70%以下）卖出财产。

本罪要求严重损害债权人或其他人的利益，包括下述三种情形：一是以上述三种方式隐匿、虚假承担的债务、转移或处分的财产达50万元以上；二是造成债权人或其他人直接经济损失达10万元以上；三是虽未达到上述数额标准，但应清偿的职工的工资、社会保险费用和法定补偿金得不到及时清偿，造成恶劣社会影响的。

因此，在企业经营过程中，董事以及主管人员作为运营活动的主体，同样的也是实施虚假破产的行为主体。因此为保障债权人的合法权利，防范虚假破产行为的发生，应当在破产法中强化董事及高管人员对企业债权人的义务。第一，规避不当交易的义务。为了防止公司财产的流失，保证全体债权人在破产程序中获得公平清偿，应当要求公司董事、高管人员在公司进入破产程序之前承担相关交易的规避义务。应当规避的交易行为包括个别清偿、无偿转让财产等。第二，不得怠于申请破产的义务。《公司法》第一百八十七条规定了企业不得怠于申请破产，但破产法中尚未明确规定。本文认为，可以通过出台司法解释的方式，规定公司董事及主管人员不得怠于申请破产，包括在发现企业资不抵债的情况下及时向法院申请破产，在企业出现资不抵债情况后对相关交易活动予以限制，以及在由于怠于申请破产给债权人造成扩大损失的情况下的责任承担问题等。第三，避免明知不可能履行的债务的义务。公司董事及主管人员对公司的相关情况有深入了解，在公司进行一项交易活动时，明知公司没有履行能力，董事等应当在交易进行前提醒债权人，同时尽最大可能避免交易达成。第四，不得提供虚假信息的义务。《公司法》中的信息披露制度是一种宽泛性的规定，没有特别针对公司债权人。但不可否认的是，虚假的信息对债权人造成的影响和损害更大。《企业破产法》第一百二十七条对债务人提供真实信息的义务作出了规定，本文建议在此基础上强化董事及主管人员在信息披露方面的义务。

（2）妨害清算罪。

从《刑法》一百六十二条来看，本罪的犯罪主体和虚假破产罪一样，不包括单位，但是值得注意的是在司法实践中，不具有法人资格的分支机构被认定为了本罪的犯罪主体，本罪的行为模式与虚假破产罪相似，存在三种模式，即隐匿财产、对资产负债表或者财产清单作虚伪记载、在未清偿债务前分配公司、企业财产。

从实质上来看"对资产负债表或财产清单作虚假记载"与"承担虚假债务"存在交叉关系，这也就意味着在某些情形下，前者可以是后者的子类型，但是前者也包括采取扩大手段，多报公司、企业的资产的情形。本罪同样也要求"严重损害债权人或其他人的利益"，评判标准同虚假破产罪相似。

例如，2023年东营市中级人民法院、东营市人民检察院、东营市公安局联合印发的《关于防范和打击破产案件中虚假破产、妨害清算、虚假诉讼行为的意见（试行）》规定，破产案件中的虚假破产、妨害清算行为，主要包括债务人或其法定代表人、股东、实际控制人、董事、监事、高级管理人员及管理人等的下列行为：（一）虚构债务或承认不真实债务；（二）恶意侵占、挪用、隐匿企业财产；（三）进入破产前通过订立合同、诉讼、执行等方式无偿或低价转让企业财产或高价受让他人财产；（四）隐匿、故意销毁依法应当保存的会计凭证、会计账簿、财务会计报告或会计凭证、会计账簿等缺失，不能作出合理解释；（五）提供虚假的资产评估、会计、审计等证明文件；（六）虚假出资或者抽逃出资；（七）在清偿债务前分配企业财产；（八）拒不配合将登记在个人名下但应属企业的财产进行处置；（九）其他依法应当认定为虚假破产、妨害清算的行为。

因此，在企业进入清算程序时，公司的法定代表人、股东、实际控制人以及高级管理人员应当成立清算组，依法合规地进行清算，不得实施上述明确列举的行为。需要进一步说明的是何时算进入了清算程序。对于解散清算程序而言，按照《公司法》的规定，公司应在解散事由出现之日起十五日内成立清算组开始清算。考虑到解散事由出现之后公司并不必然进入清算程序，而且清算组成立之后才进行清算活动，因此，解散清算的起点界定在清算组成立之日较为合适。清算组成立之后进行公司财产清理、审核债权等一系列清算活动。公司清算结束后，清算组应制作清算报告，报股东会、股东大会或者人民法院确认，并报送公司登记机关，申请注销公司登记。因此，清算程序的截止时间是清算组制作的清算报告报股东会、股东大会或者人民法院确认之日。对于破产清算程序而言，清算期间自人民法院裁定受理破产申请时起（此时法院会同时指定破产管理人），至法院裁定宣告债务人破产之日或者人民法院驳回破产申请之日止。破产程序除清算外，还包括破产重整、破产和解，如果破产重整、破产和解程序顺利推进且未转入破产清算程序，则破产重整程序的清算期间应至法院批准重整计划之日止，破产和解程序的清算期间至人民法院裁定认可和解协议之日止。

（3）隐匿、故意销毁会计凭证、会计账簿、财务会计报告罪。

根据《刑法》第一百六十二条之一的规定，本罪的犯罪主体明确为自然人和单位。本罪的行为模式为隐匿或者故意销毁依法应当保存的会计凭证、会计账簿、财务会计报告。本罪的成立还需要"情节严重"，包括两种情形：一是隐匿或销毁的会计凭证等材料的涉及金额在50万元以上；二是依法应当向监察机关、司法机关、行政机关、有关主管部门等提供而隐匿、故意销毁或者拒不交出会计凭证、会计账簿、财务会计报告。

本罪属于行政犯，这也意味着并不是只要隐匿或销毁了会计凭证、会计账簿、财务会计报告就一定构成本罪。首先，应当根据前置法（如《会计法》）的规定，行为有向相关主管部门提交会计凭证、会计账簿、财务会计报告的义务；其次，在前置法中对行为人不履行相关义务的行为规定了处罚；最后，需判断行为实施的隐匿或销毁会计凭证、会计账簿、财务会计报告的行为是否为了逃避有关监管部门的监督检查。

本罪的刑事风险可以说是公司企业违法经营行为的"副产品"。公司考虑到在构成其他违法犯罪的前提下，为了掩盖其违法犯罪行为，故意销毁证据和线索，部分企业会铤而走险隐匿、故意销毁会计凭证、会计账簿、财务会计报告。公司的财务总监或是相关负责人不仅要认识到合法经营的重要性，这是使自己远离刑事风险的根本之策。而且要了解会计资料的真正意义及其对公司乃至自己的重要影响。

因此，公司、企事业单位和团体一定要谨慎保管会计凭证、会计账簿、财务会计报告等资料，因为这些资料是记载企业财务活动的重要凭证，是国家对企业财务管理的重要依据。企业应当妥善保管上述资料，并且应当存放在固定的地方，设置专人保管，不得以任何借口隐匿和销毁。尤其是对会计账簿、会计凭证、财务会计报告具有保管、查阅、使用权限的投资人、股东、高管等人员，是实践中涉案频次最高的人群，对此应特别注意。

（三）债权人的刑事破产风险应对之策

债权人在破产中面临的最大风险表现为不能得到有效的受偿，这类纠纷的性质一般也被认定为民事纠纷，但是，在刑民交叉的案件中也会存在赔偿的次序问题。因此，债权人需要在掌握一定破产信息的基础之上，梳理可能存在的问题，针对性地应对可能存在的刑事风险。

1. 债权人与查阅破产信息的权利

（1）债权人的查阅权。

对于债权申报材料，管理人应当对债权关键信息（包括申报人的姓名、单位、代理人、申报债权额、担保情况、证据、联系方式、债权的性质、数额、担保财产、是否超过诉讼时效期间、是否超过强制执行期间）登记并审查，编制债权表并提交债权人会议核查，债权人有权查阅。

对于债务人财产状况报告、债权人会议决议、债权人委员会决议、管理人监督报告等参与破产程序所必需的债务人财务和经营信息资料，单个债权人有权查阅。管理人无正当理由不予提供的，债权人可以请求人民法院作出决定；人民法院应当在五日内作出决定。上述信息资料涉及商业秘密的，债权人应当依法承担保密义务或者签署保密协议；涉及国家秘密的应当依照相关法律规定处理。

（2）债权人的监督权。

根据《最高人民法院关于企业破产案件信息公开的规定（试行）》第三条、第四条、第五条规定，破产案件信息公开以公开为原则，以不公开为例外。债权人可以通过"全国企业破产重组案件信息网"查询法律规定的破产受理法院、破产管理人应当公开的案件信息和债务人信息，对破产案件进行监督。

根据《企业破产法》第二十三条和第六十三条规定，债权人可以通过债权人会议和债权人委员会对管理人执行职务进行监督，召开债权人会议应当提前十五日通知已知债权人。同时该法第六十一条中列明了债权人会议的十一项职权，其中包括监督管理人。因此，在债权人会议和债权人委员会执行职务时，有权要求管理人、债务人的有关人员对其职权范围内的事务作出说明或者提供有关文件。

2. 债权人关于破产财产的受偿次序

《最高人民法院关于刑事裁判涉财产部分执行的若干规定》（以下简称《财产执行的若干规定》）第十三条规定了被执行人的财产在刑事责任和民事责任中的执行顺序，其中关于"退赔被害人损失"与"其他民事债务"的关系存在两种理解：一是认为"被害人的损失"优先于"其他民事债务"执行，二是认为二者处于平等地位。产生两种理解的原因在于对法条中"其财产（被执行人财产）"的理解不同，前者将财产理解为被执行人合法所有的全部财产，后者将财产限定为赃物。

本书认为，《财产执行的若干规定》第十三条规定中将"财产"解释为被执行人的合法财产更具有合理性，理由如下：第一，文义解释是刑法解释的基础，将财产解释为被执行人的合法财产不违反一般人的预期，从执行的内容来看，医疗费用、民事债务，罚金以及没收财产等事项当然应当从被执行人的合法财产中予以受偿，根据同类解释的规定，被害人损失的受偿来源也应是被执行人的合法全部财产。第二，依据《财产执行的若干规定》第十条规定，认为被害人的损失应当按照刑事裁判认定的实际损失予以发还或者赔偿。《刑法》第六十四条规定赃物是犯罪分子违法所得一切财物，原则上予以退赔。这也就意味着赃物和被害人损失并不存在对应关系，意即被害人的损失很有可能大于赃物的范围。因此，退赃并不完全等同于退赔了被害人的损失。第三，《财产执行的若干规定》中规定了赃物不能用于清偿债务，这也印证了赃物不属于犯罪人（被执行人）的合法财产。即使承认赃物属于被执行人的财产，也存在逻辑上的矛盾。执行的优先顺位的逻辑前提是标的唯一，将退赔被害人的财产限定为赃物，其他事项下解释为全部财产，不符合顺位的逻辑前提，当存在两个以上的标的时，也就不存在执行的优先顺位问题。

虽然法院在执行时通常是以被执行人的全部财产为限对被害人损失进行赔偿，但是仍需要进一步解释的是为什么被害人的损失可以优先于一般民事债务。如前所述，虽然退赃不等于赔偿被害人损失，但是二者具有高度的并发性，诚如最高人民法院执行局负责人就《财产执行的若干规定》答记者问时表示："由于刑事案件的被害人对于遭受犯罪侵害的事实无法预测和避免，被害人对被非法占有、处置的财产主张权利只能通过追缴或者退赔予以解决，在赃款赃物追缴不能的情况下，被执行人在赃款赃物等值范围内予以赔偿，该赔偿优先于其他民事债务具有合理性。"据此，最高人民法院基于保护受害人合法财产的立场出发，赋予赃物一种担保物权的效果。实务中被害人的损失通常表现为赃物及其收益，一并执行，一方面可以提高执行效率，另一方面可以在很大程度上实现案结事了的效果。但是，不可否认的是，此种家长主义的作风的正当性值得反思，被害人损失在本质上也是对被执行人的债权，与一般意义上的民事债权无异，强行地赋予优先受偿的法律效果缺乏现实基础。因此，对于赃物的经济赔偿，可以优先于一般的民事债务，除此之外的被害人损失原则上应同其他一般债务处于同一位阶。

除此之外，债权人还可以同时主张前文提到的别除权等权利，在认为破产案件涉嫌刑事犯罪时，可以就被执行人虚假破产行为的线索向公安机关报案，若公安机关作出不予立案决定，在收到不予立案通知书的七日内向作出决定的公安机关以书面形式提出复议申请。《刑事诉讼法》第二百一十条第三项规定："被害人有证据证明对被告人侵犯自己人身、财产权利的行为应当依法追究刑事责任，而公安机关或者人民检察院不予追究被告人刑事责任的案件。"可通过公诉转自诉的方式来自行起诉。同时，债权人应该积极查阅相关的破产信息，委托专业的律师事务所或会计师事务所等专业机构，在专业人士的建议下，依法合规地维护自身的合法利益。

第四章　企业破产管理人履职风险及其规制

一、破产管理人履职风险概述

（一）破产管理人的历史演变

管理人制度是破产程序中的一种机制，旨在处理债务人财产的占有、管理和处置，以确保破产程序的高效、公正和公平。由于利益回避和破产程序的专业性要求，债权人、债务人和债权人代表不适合直接担任财产管理的角色，法院也不适宜直接对债务人财产采取管理措施。因此，为了确保债务人财产的安全并维护债权人的资产价值，管理人制度应运而生，并在破产程序中扮演着关键和不可或缺的角色。因此，研究和考察破产管理人的制度渊源、义务和履职风险，就成为保障破产清算合法运行的重要内容。

从概念上来看，英国把破产程序分为个人破产程序与公司破产程序，在不同的破产程序中，对处理破产事务的专业人士有不同的称谓：在个人破产程序中，管理人被称为 trustee in bankruptcy，即破产托管人。公司破产程序分为清算程序与非清算程序。在清算程序中，管理人被称为 liquidator，即清算人。而在非清算程序的三个程序中，接管程序中的管理人被称为 receiver，即接管人；公司自愿安排计划中的管理人被称为 supervisor，即监督人；重整程序中的管理人则被称为 administrator，即管理人。其实，这些管理人定位基本都与破产财产的管理和处置相关，但基于不同的程序，破产财产管理人的选任方式、职责、法律责任等亦有所区别。这显示了英国破产思维的复杂性、宽容性与多元性。

美国承继了英国破产法的框架，其对管理人制度的理解全部源于个人破产。如"破产法"一词，美国使用 Bankruptcy Law，这在英国破产法

(Insolvency Law)中特指个人破产法。美国人对不同程序中的管理人不做区分,全称为 trustee。trustee 一词在英文中内涵丰富,一般被译为信托人或托管人,指有信誉、值得信赖,能够托付办事的人。美国人把破产程序中管理处置各种破产事务的专业人士一律称为托管人,凸显美国人把复杂问题简明清晰化的能力,也显示了其更加重视托付人声誉机制的破产思维。管理人制度发展到今天,无论如何称谓,对其的要求都愈发精准与严格。

根据我国《企业破产法》第二十四条规定:"管理人可以由有关部门、机构的人员组成的清算组或者依法设立的律师事务所、会计师事务所、破产清算事务所等社会中介机构担任。人民法院根据债务人的实际情况,可以在征询有关社会中介机构的意见后,指定该机构具备相关专业知识并取得执业资格的人员担任管理人。"这一条款借鉴了国际经验,并结合我国破产实际及实行管理人制度的需要,规定管理人的任职包括两类:一是有关法定机构,分别包括依法设立的清算组、有关专业机构和某种专业机构中取得相关职业资格的专业人员;二是依法取得相关执业资格的专业服务机构的专业人员。

理想层面,管理人除了破产法规定的法定职责外,还应扮演三大角色:一是财产信托人,首要职责是把破产债务人的"资产池"看管好,不受任何损害;二是企业家,要去经营债务人财产,多数情况下,要面临经营出售转让交易重大决策的挑战;三是协调者,要周旋于债权人、企业员工、战略投资者、供应商、客户、政府监管部门与各种社会利益相关者之间,理顺各种经济关系、法律关系与社会关系。实际上,要做到以上诸点十分困难,因为破产管理人在每个破产程序的每个环节都有许多认知盲点与操作障碍,会面临诸多破产管理人履职的风险。

(二)我国破产管理人的主要履职义务

2006 年 8 月 27 日,第十届全国人大常委会第二十三次会议审议通过了《中华人民共和国企业破产法》。与旧破产法相比,新破产法的亮点之一是新增了管理人制度。以法律条文的形式规定了管理人的指定与更换、管理人的义务、管理人职责、管理人报酬以及管理人的法律责任。根据我国相关法律规定,破产管理人履职义务主要包括如下几个来源:

1. 企业破产法

《企业破产法》第十三条规定:"人民法院裁定受理破产申请的,应当同时指定管理人。"管理人作为基于人民法院审理破产清算案而依法指定的主体,在人民法院受理破产申请进入破产程序后,根据法院的指定而负责债务人财产的管理、处分、业务经营以及破产方案的拟定和执行的专门人员。在破产案件审理法院的指导和债权人的监督下,管理人作为全面接管债务人财产并负责对债务人财产进行保管、估价、变价处置、债权申报与审查确认、债权分配等各项具体执行事务的专门机构,它独立于债权人、债务人和人民法院,向人民法院报告工作,并接受债权人会议和债权人委员会的监督。

《企业破产法》第二十五条规定,管理人履行下列职责:"(一)接管债务人的财产、印章和账簿、文书等资料;(二)调查债务人的财产状况,制作财产状况报告;(三)决定债务人内部管理事务;(四)决定债务人的日常开支和其他必要开支;(五)在第一次债权人会议召开之前,决定继续或者停止债务人的营业;(六)管理和处分债务人的财产;(七)代表债务人参加诉讼、仲裁或者其他法律程序;(八)提议召开债权人会议;(九)人民法院认为管理人应当履行的其他职责。"

管理人接受指定后,在破产案件不同阶段具有不同的职责,应当严格按照《企业破产法》等法律、法规的相关规定,认真、全面履行管理人职责,积极开展各项管理工作。

《企业破产法》第二十七条规定:"管理人应当勤勉尽责,忠实执行职务。"该法第一百三十条规定:"管理人未依照本法规定勤勉尽责,忠实执行职务的,人民法院可以依法处以罚款;给债权人、债务人或者第三人造成损失的,依法承担赔偿责任。"该法第一百三十一条规定:"违反本法规定,构成犯罪的,依法追究刑事责任。"《最高人民法院关于审理企业破产案件指定管理人的规定》第三十九条规定:"管理人申请辞去职务未获人民法院许可,但仍坚持辞职并不再履行管理人职责,或者人民法院决定更换管理人后,原管理人拒不向新任管理人移交相关事务,人民法院可以根据企业破产法第一百三十条的规定和具体情况,决定对管理人罚款。对社会中介机构为管理人的罚款5万元至20万元人民币,对个人为管理人的罚款1万元至5万元人民币。管理人有前款规定行为或者无正当理由拒绝人民法院指定的，编制管理人名册的人民法院可以决定停止其担任管理人一年至三年，或者将其从管理人名册中除名。"

2. 其他法律和司法解释

近年来，国家推出了一系列有关破产的政策法规，如国家发展改革委、工信部等 11 部门联合发布的《关于进一步做好"僵尸企业"及去产能企业债务处置工作的通知》，国家发展改革委、最高人民法院等 13 部门联合发布的《加快完善市场主体退出制度改革方案》，以及《最高人民法院关于适用〈中华人民共和国企业破产法〉若干问题的规定（三）》《全国法院民商事审判工作会议纪要》等。上述文件的出台，加上"执转破"的广泛实行，进一步延伸了破产业务领域发展的空间。

（三）破产管理人履职风险

管理人具体管理、执行各项破产事务，所履行的职责、具体行为事项，直接关系到债务人仅剩余的财产性权益，从而直接影响到债权债务人、利害关系人的利益。近年来，破产案件数量激增、案件规模扩大、案件复杂程度不断增加，管理人侵权诉讼纠纷案件时有出现，因"管理人责任纠纷"的案件呈上涨趋势，破产管理人被投诉的情况也时有发生。结合法院审判案例，管理人履职风险主要源于破产管理人违反"应当勤勉尽责，忠实执行职务"法定义务。

《企业破产法》第二十七条规定："管理人应当勤勉尽责，忠实执行职务。"勤勉义务，实质上规定的是善良管理人的注意义务，是为管理人设定的一种较高标准的注意义务。为了确保管理人能够履行善良管理人的注意义务，要求管理人要恪尽职责，以谨慎的工作态度履行职务，尽到普通人在相同或者类似情况下的合理注意义务。管理人在履行职责时，一定要忠诚老实，不弄虚作假，不得利用自己的职权为个别债权人或者债务人谋取不法利益，也不得为自己谋取私利。

勤勉尽责，是指破产管理人在履行职责的过程中应该认真谨慎、及时履行职务。破产管理人勤勉尽责的标准：破产管理人认真及时地履行职责，不以任何方式将本应由破产管理人承担的职责全部或者部分转让于他人来完成，确保债务的财产（破产财产）不因管理人履行职务不及时而发生贬值或者不当流失，以避免损害债权人利益。管理人在预见到可能会发生不利后果时，必须采取必要措施以避免损害结果的发生。破产管理工作大多需要管理人主动安排、积极推进，而且还要主动配合、协助法院做好破产案件中各个节点的工作，比如发布公告、通知、召开第一次债权人会议等。管理人中每一位成员要有勤勉履职意识，同时要时常保持履职风险意识，养成遇到事情时预先评判风险、严格履行程序、重视保留证据等工作习惯。

忠实义务，实质上可以看作一种信赖义务，是指管理人在处理破产事务时要忠于职责，不诈欺他人，更禁止其凭借自己特殊的地位为他人或自己谋取私利。管理人在履行职责时，必须竭尽忠诚地工作，当自身利益与相关利益主体的利益发生冲突时，应当以相关利益主体的利益为重，虽然《企业破产法》没有对管理人的忠实义务作出明确规定，但《公司法》有关公司董事、监事、高级管理人员执行职务时的义务、禁止行为和损害赔偿责任的相关规定内容，管理人应当严格遵守，并认真开展各项管理工作、依法合规履行管理人职责。在履行职务的过程中遵守法律、法规，不得利用职权收受贿赂或者获取某种秘密利益或所允诺的其他好处，不得同债务人开展非法竞争，不得从事自我交易等活动以获取其他非法收入，不得侵占公司财产以及损害公司利益。

破产管理人违反勤勉尽责、忠实执行义务而产生的履职风险具体表现在如下五个方面。

1. 债务人财产接管的履职风险

接管债务人的财产、印章和账簿、文书等资料，是《企业破产法》第二十五条规定的管理人职责中第一项内容。因此，在自法院裁定受理破产后，债务人有关人员应当配合管理人的工作，将企业的财产、印章、账簿和文书等资料转交给管理人。对债务人的接管是破产管理人的法定职责，也是破产程序顺利有序推进的基础，也是管理人开展工作的必要程序。但是在实务中，企业进入破产程序后，部分债务人的实际控制人往往会以消极甚至对立的态度对待破产程序，拒不配合管理人的接管工作。例如，以企业财务制度不健全或者财务账册被遗失为由，仅提供部分财务账册、债权债务清册、财产设备，进而导致难以确定债务人资产状况、债权人的债权受损金额等情形，导致管理人无法进行正常清算，进而损害债权人的权益，影响到营商环境的优化改进。管理人对破产企业不能接管或者不能及时、全面接管，还可能会给债务人企业的有关人员一个有机可乘的"空档期"，或可能存在债务人擅自对外签订合同的情形。因为管理人在未能接管企业财务报表、账册、涉诉等资料的情况下，不能完全掌握债务人的资产情况，不能及时履行尽职调查，进而不能全面核实资产、债权债务情况，那么债务人就有可能利用这个机会转移自己的资产，进而损害到广大债权人的合法权益。债务人如若未移交公章、法人章、合同章等，后续有可能存在债务人擅自使用其公章、法人章、合同章等有效印鉴，通过签订虚假合同、欠条等方式增加债权或减少资产，造成债务人财产的不当减少，损害广大债权人的利益。

2. 债务人财产状况调查的履职风险

调查债务人财产状况，制作财产状况报告是破产管理人的法定职责之一，对债务人财产状况进行详尽、全面的调查，是破产程序能够顺利推进的基础。《企业破产法》第二十五条规定，管理人的职责包括调查债务人财产状况，制作财产状况报告，并且管理人应在第一次债权人会议上报告债务人财产的调查情况，因此，管理人在履职过程中，应当对债务人财产状况调查工作给予足够的重视。管理人在接管债务人财产的同时，应对债务人财产状况进行全面、详尽地调查，债务人财产包括房地产、在建工程、机器设备、附属工程、知识产权以及债务人货币资金、银行账户、应收账款、预付款项、其他应收款、对外投资等其他资产。理清理顺债务人财产综合状况、权属关系，特别抵押债权对应的抵押物范围及现存的抵押物状况，及时制作财产状况报告。因此，债务人财产的调查工作，是管理人在第一次债权人会议召开前要完成的一项重要工作。管理人应当指派管理人成员持相关手续到相关部门进行调查核实，由于有些单位对企业破产清算不了解，对管理人工作必要时可提请法院出具相关司法协助文书进行调查，通过法律尽职调查，破产管理人一般能够取得债务人的工商登记档案、不动产登记档案、车辆登记档案等基础档案资料，管理人除自行调查之外，一般需要借助审计报告和评估报告来对债务人财产实施进一步调查和评估。

破产管理人对债务人财产状况的调查工作是一个系统工程，贯穿整个破产程序。在破产清算程序中，对债务人财产状况的调查也是破产管理人制作破产财产变价方案的基础，同时影响到破产财产分配方案的制作。因此，在破产重整程序中，破产管理人在接受法院指定后，就应当做好管理人的工作规划并匹配好充足的人力资源，尽到勤勉履职的义务，踏实、认真做好债务人财产状况调查工作，只有这样才能够确保破产管理人职责的有效落实，快速、稳妥推进破产案件的办理进程，避免管理人履行职务的过程中，对债权人财产状况调查工作的重视不足甚至出现遗漏等情况，将导致破产案件的推进出现反复，如果因此给债权人造成损失，还有可能被追究破产管理人的履职过失责任。

3. 债权申报和审查确认的履职风险

受理债权申报和对债权审查、确认是破产管理人的基本职责，债权性质和债权金额的审查确认关系到债权人在第一次债权人会议上的表决权的行使以及各类债权人公平受偿这一破产法理念的落实，从而影响到整个破产程序的顺利进行。因此，债权申报与债权审查确认是管理人开展的最为重要也最为基础的一项工作，债权性质和债权金额直接决定参与该破产清算案件的各类债权清偿顺序、清偿比例、债权分配金额。

（1）债权申报。《企业破产法》第四十五条规定了债权人申报债权的期限，第五十六条规定了债权人可以补充申报债权，但同时也规定了债权人未在债权申报期内申报债权的不利后果，即债权人可以在破产财产最后分配前补充申报，但是此前已进行的分配，不再对其补充分配，为审查确认补充申报债权的费用，由补充申报人承担，债权人未依照本法申报债权的，不得依照本法规定的程序行使权利。

破产案件的债权人范围较广、人数较多，若债权申报通知送达不到位，会导致债权人无法按时申报债权，影响接下来的整个破产程序。为避免出现这一问题，保障债权人依照法律规定的程序行使权利，管理人应当指派工作人员调查、债务人的涉诉、已执行的案件信息；向调取或收集到的已知债权人邮寄送达债权申报通知书，详细介绍该破产清算案的债权申报的相关要求及事项，以保障已知债权人在债权申报期限内申报债权；协助法院发布债权申报和召开债权人会议的公告，通过多种渠道、多次、针对性地进行债权申报通知，以保障已知债权人及时申报债权，参加债权人会议，依法行使债权人会议上各项方案及最终债权分配的表决权。

管理人需要安排专职人员接收破产清算案件的债权申报材料，并统一进行编号登记造册，破产管理人在接受债权申报工作中不需要对债权进行实质审查，但需要对申报的债权进行形式审查，同时可以根据申报债权的情况要求债权人向管理人补充其申报债权的部分材料，补充提交相关债权资料，完善债权申报的相关手续。破产管理人应履行勤勉、谨慎的履职义务，接受债权申请，债权因未被审查确认而导致最终无法得到债权分配的，破产管理人应当依法承担相应赔偿责任。

（2）债权审查确认。《最高人民法院关于适用〈中华人民共和国企业破产法〉若干问题的规定（三）》第六条第二款规定："管理人应当依照企业破产法第五十七条的规定对债权的性质、数额、担保财产、是否超过诉讼时效期间、是否超过强制执行期间等情况进行审查、编制债权表并提交债权人会议核查。"在完成申报资料核对及补充的基础上，管理人依法开展申报债权的审查确认工作。债权审查应当依照法律规定，对债权的性质、债权数额、担保财产范围、诉讼时效期间、强制执行期间等方面进行严格的审查，以确保每笔债权的真实性、合法性、有效性，并依据债权审查原则对债权性质、债权本金及利息等进行审查确认。管理人对破产债权申报、审查确认，既包含程序上的形式审查，也包含对实体内容的实质审查，任何一方面的缺失，都可能导致管理人履职的风险。例如，管理人向已知债权人送达债权申报通知不及时、不合法、未到期的债权未依法确认、附利息的债权在破产申请受理后未停止计息；编制的债权表未提交第一次债权人会议核查或未申请人民法院裁定确认；对职工债权未予以公示；债权审查原则和标准不统一、债权受偿顺位认定错误等。

4. 破产财产管理、变价的履职风险

为避免债务人财产出现减值、贬值风险，确保资产保值增值，以实现债务人财产价值最大化，破产管理人应严格根据《企业破产法》等法律法规的规定，本着诚实守信，勤勉履职，合法、合规的原则有序地开展对债务人财产的管理、变价工作。根据对债务人的财产调查、评估情况拟制破产财产的管理方案和变价方案，提交债权人会议审议、表决。前文所述，管理人接受审查法院指定后，应在法院的指导和监督之下全面接收和管理债务人财产，包括动产和不动产、知识产权、对外的债权、持有的股份和债券、他人占有控制的债务人财产等。在接管债务人财产的同时，应对债务人财产状况进行全面、详尽的调查，接收现有财产，并及时清收债权，追回他人占有控制的债务人财产。避免管理人未能勤勉履职，造成交接手续不全导致财产实物与账面不符、未行使撤销权导致财产损失、安保人员管理不到位或未采取保障措施导致财产发生火灾、遗失、被盗等履职风险。

（1）破产财产的管理。即管理人拟制债务人财产管理方案，提交第一次债权人会议审议、表决，对易腐、易烂等财产应及时处理，对易燃、易爆物品应聘请专业部门或者专业人员及时处理，避免损失的扩大或引发次生灾害。管理人应当及时、全面开展对债务人财产管理的工作并有效防范各种风险，这对整个破产案件尤为重要。

（2）破产财产的变价。即管理人将非金钱的破产财产，依照法定的条件和方式出让给他人，使之转化为金钱，以便于进行债权清算分配的过程。《企业破产法》第一百一十二条规定："变价出售破产财产应当通过拍卖进行。但是，债权人会议另有决议的除外。"由此可见，管理人在变价出售破产财产时应当通过拍卖进行。但是，管理人本身并不是拍卖行业从业人员，对不同类型资产的拍卖流程及注意事项并不熟悉，如果管理人自行处理复杂的拍卖事宜，拍卖期间任何细节没有处置妥当都极易产生问题，若产生严重后果，管理人将承担法律责任。

《最高人民法院关于适用〈中华人民共和国企业破产法〉若干问题的规定（二）》第三十三条规定了管理人或相关人员执行职务时不当处置他人财产的处理的补充赔偿责任，债权人以管理人或者相关人员执行职务不当导致债务人财产减少给其造成损失为由提起诉讼，主张管理人或者相关人员承担相应赔偿责任的，人民法院应予支持。据此，变价处分债务人的破产财产，是管理人履行职务的一项重要工作，同时，管理人可能因未能尽到勤勉履职的法定义务，面临承担赔偿责任的履职风险。

5. 破产财产分配的履职风险

我国破产清算程序的最终目的是保障各类债权人的公平有序清偿。破产财产分配指管理人在法院的指导和债权人会议的监督下，将破产财产按照清偿顺序，公平地进行分配。《企业破产法》的立法宗旨是规范企业破产程序，公平清理债权债务，保护债权人和债务人的合法权益，维护社会主义市场经济秩序。关于破产界限，《企业破产法》规定了可供选择的两个原因：一是从我国的实际出发，规定企业不能清偿到期债务，并且资不抵债，两个条件同时具备才构成破产原因；二是参考了国外通行的规定，即企业法人"明显缺乏清偿能力的"，其实质就是企业不能清偿到期债务，即构成破产原因。因此，破产清算案件可以分配的破产财产往往小于债权人申报后经审查确认的债权总额，且债权人因债权性质不同而存在着优先、普通、劣后的债权清偿顺位差异，这意味着破产债权人可能面临无法得到全部清偿的局面。

　　破产债权无法清偿或者债权清偿率较低随时可能激化矛盾，进而影响破产案件的有序推进，因此，破产管理人在开展破产财产分配工作时更要尽到管理人的忠实义务，破产管理人要不偏不倚地处理，不能偏袒任何一方，破产管理人在此期间如果违反勤勉尽责、忠实执行的法定义务，则可能产生极为严重的履职风险。如对破产财产分配顺序的履职风险，即管理人需要根据债权是否属于破产费用、共益债务及债权性质的情况厘清先后顺序依法分配。若分配顺序混乱，不仅需要管理人承担追回责任，还需承担追回失败的情况下的赔偿责任。

　　破产管理人制度是破产制度的核心内容之一，对破产管理人执业风险防范的研究能够在很大程度上促进管理人行业的发展，同时对破产制度的发展具有重要意义。破产管理人在破产程序中应当严格遵守管理人的忠实义务，根据各个破产清算案的不同特征，在破产清算案件中的各个环节积极、主动、认真、勤勉履行职务，有效平衡、协调好债权人、债务人以及其他各方当事人权益，有序推进破产清算案件的进程，提升破产案件的办理效率和质量，最大程度地维护各方当事人的合法权益。破产管理人及各成员在履职过程中应提高履职风险防范意识，避免因出现履职风险从而导致破产管理人承担赔偿责任的情况。

二、破产管理人履职风险类型

　　伴随着国家供给侧结构性改革的不断深入及经济转型带来的产业结构性调整，我国破产案件数量快速增长。破产管理人作为企业破产程序中重要的参与主体，在破产程序运行中应依法履职，然而，目前由于我国的《企业破产法》及相关司法解释对管理人的权利及义务、职责及责任界定都较为笼统，管理人在履职过程中遇到的各类问题越来越多，也越来越复杂，稍有不慎，管理人在履职过程中将面临极大的风险。

管理人的履职情况直接关系到破产清算工作能否顺利推进，而管理人的履职风险实质上是来自对债权人、债务人权利的忽视甚至侵犯。根据我国《企业破产法》第二十七条规定，管理人应当勤勉尽责，忠实执行职务。该法第一百三十条规定，管理人未依照本法规定勤勉尽责，忠实执行职务的，人民法院可以依法处以罚款；给债权人、债务人或者第三人造成损失的，依法承担赔偿责任。该法第一百三十条规定，违反本法规定，构成犯罪的，依法追究刑事责任。虽然，目前我国立法上没有对"勤勉尽责，忠实执行职务"给出清晰的规定，但它意味着管理人需要有着更高的专业技能和职业道德。所以，管理人在履职过程中不能存在主观故意，也不能出现重大过失，给债权人抑或债务人造成不应有的损失。

2018年3月10日，最高人民法院发布的《最高人民法院工作报告》显示，2017年共计审结破产案件1.2万件；2019年3月19日，最高人民法院发布的《最高人民法院工作报告》显示，2018年共计审结公司清算、企业破产等案件1.6万件；2020年6月1日，最高人民法院发布的《最高人民法院工作报告》显示，2019年共计审结破产重整案件4626件，涉及债权6788亿元。据关键词"管理人责任纠纷"在裁判文书网的案件统计，2011年至2020年分别为4件、21件、136件、605件、813件、1092件、1224件、1260件、1530件、1392件。可见，我国破产案件的数量不断上升是必然趋势，而随着破产案件数量不断上升，破产管理人的业务不断增多，管理人纠纷的案件也会随之发生。而且，破产管理人的专业水平以及知识水平存在差异，这也是导致管理人责任纠纷案件数量快速增长的原因之一。

根据《企业破产法》及相关司法解释关于管理人责任义务的相关规定，结合上述管理人纠纷案件的情况，以破产管理人的职权与责任、管理人履职风险产生的阶段及原因为分类标准，可将破产管理人履职过程中的风险类型分为三类：民事责任风险、刑事责任风险和司法行政责任风险。

（一）民事责任风险

民事责任风险指管理人需要承担民事责任纠纷的风险，即管理人在履职过程中存在违反勤勉、忠实义务不当履行职责的行为，给债权人、债务人或者第三人造成损失时，权利人要求管理人承担民事赔偿责任引发纠纷的风险。

管理人履职过程中的风险点主要体现在未尽勤勉职责的风险和未尽忠实职责的风险。

1. 未尽勤勉职责的风险

未尽勤勉职责的风险主要指破产管理人在履职过程中未能尽到应尽的勤勉义务而面临承担民事赔偿的风险。勤勉义务通常分为注意义务或者善管义务，主要是要求破产管理人在履行职务时的专业技能和经验判断达到一定的标准。未尽勤勉职责的风险主要体现在以下四个方面。

（1）债权申报通知与审查。

① 管理人未及时送达债权申报通知，导致债权人无法申报债权产生的风险。

根据《企业破产法》第十四条规定，人民法院应当自裁定受理破产申请之日起二十五日内通知已知债权人，并予以公告。除法院公告之外，通知已知债权人的职责也由管理人执行。在实务操作过程中，债权申报公告通知一般由管理人按照最高人民法院的要求，在"全国企业破产重整案件信息网"发布公告。对于已知债权人的通知，由管理人通过书面送达的方式发布。同时，管理人还应通过自行核查的方式了解破产企业的社保债权、医保债权、税务债权，以及公开执行案件的债权人普通债权或担保债权、职工债权等相关情况，此类债权人应视为已知债权人，通知其申报债权，若未及时送达债权申报通知，导致债权人无法按时申报债权所产生的风险，将由管理人负责。

② 管理人对债权审查和确认所产生的风险。

破产管理人应严格依法审核债权材料，在实务操作过程中，对于有生效法律文书确认的，或者虽没有生效法律文书，但是证据真实、合法、充分的，或者虽然证据不足，但债务人财务记录有明确记载或者有其他证明文件的，应当根据证据、财务记录或者其他证明文件确认债权，或者管理人委托有资质的会计师事务所对破产企业进行审计的，可根据审计结果确认债权。管理人应重点核查申报债权的时效，即有无超出诉讼时效、执行时效、保证期间等；审查债权的性质，即是优先债权还是普通债权；审查债权金额包括本金、违约金及利息等计算方式。

第四章　企业破产管理人履职风险及其规制

若破产管理人对债权审查不严,造成对债权时效、性质、金额认定错误的,债权申请人或利害关系人认为有异议的,可以申请管理人复核,若管理人对异议不予采纳,异议人可以向人民法院提起债权确认之诉,通过法院审理后的判决结果来进行认定。同时,债务人、债权人对管理人确认的债权有异议的,亦可以提起诉讼。若因管理人债权审查的错漏造成债权人损失的,将面临债权人索赔的风险。

（2）破产财产的接管、管理、处分的风险。

接管、管理、处分破产财产是指破产管理人接管破产企业后,通过对破产企业财物的清理登记,与破产企业进行交接,在接收到破产企业财物之后依法对破产企业财产进行管理、处分的权利。

① 管理人在接管破产企业时,应当进行现场清点核查,并进行书面交接,重点关注财产的真实性、合法性、权属等问题,对于企业没有保管或由第三方占有、使用的财物,管理人应当与破产企业的相关人员以及第三方做好说明、详细记录在案。管理人要确保接管事项均有迹可查,否则可能面临接管手续不全和接管过程无见证的风险,以及因接管不当造成债务人财产缺漏,财产流失、损害等损害债权人的事项风险。

② 管理人在接管到破产财产后,应当妥善保管破产财产,确保破产财产的安全,对于需要由第三方保管较为妥善的财产,应报人民法院同意后,由管理人委托第三方进行保管。对于由第三方占有、使用的财物,若不追加,应由管理人与第三方签订协议并由第三方继续占有、使用、保管。管理人要避免出现因管理疏忽、保管不当、保险缺失造成破产财产贬值、损失、丢失或导致其他安全事故的风险。

③ 管理人在处分破产财产时,应依法定程序进行处分,在实务操作中,管理人会公开选聘专业的评估机构对破产财产进行评估,并通过相应的司法拍卖平台进行破产财产的公开拍卖以处分破产财产。在破产财产处置过程中,管理人自行处分以及处分价款无依据将面临债权人、债务人质疑甚至要求赔偿诉讼的风险。

（3）破产财产维护风险。

除上述管理人已接管到的破产财产外,债务人应收债权、他人侵占的财产以及债务人转移、个别清偿、放弃的破产财产,财产管理人均需要依法行使职责以维护破产财产;同样,对于非破产财产要进行甄别维护。

① 在履行职务过程中,对于债务人的应收债权及被他人侵占的财产,在已经明确的情况下,若由于管理人不积极催讨或因遗漏而没有履行职责,致使债权不能收回、财产不能追回、超过诉讼时效、证据灭失等情况,给债权人、债务人或者第三人造成损失的,管理人将面临承担赔偿责任的风险。

② 破产企业所占有的某些财产可能并非破产企业所有,管理人在接管这类破产企业时,应当对破产财产所有权凭证进行调查和甄别,防止占有他人财产,以减少对非破产财产的管理和维护。若管理人在履行职务时存在工作管理失职和维护非破产财产,将因产生非必要的共益债务、损害债权人的权益而面临承担赔偿责任的风险。同样,若将非破产企业所有的财产作为破产财产处分,将因损害权利人权益而面临承担赔偿责任的风险。其法律依据是《最高人民法院关于适用〈中华人民共和国企业破产法〉若干问题的规定(二)》第三十三条规定,即"管理人或者相关人员在执行职务过程中,因故意或者重大过失不当转让他人财产或者造成他人财产毁损、灭失,导致他人损害产生的债务作为共益债务,由债务人财产随时清偿不足弥补损失,权利人向管理人或者相关人员主张承担补充赔偿责任的,人民法院应予以支持"。

上述债务作为共益债务由债务人财产随时清偿后,债权人以管理人或者相关人员执行职务不当导致债务人财产减少给其造成损失为由提起诉讼,主张管理人或者相关人员承担相应赔偿责任的,人民法院应予以支持。

③ 撤销应撤销的行为、追回应追回的财产,是管理人的核心业务,也是考查管理人工作能力的重要指标,目的是防止债务人进行个别清偿或与他人串通转移财产。管理人在履职过程中应当着重对破产企业近一年来的交易、清偿等行为予以审查,注意债务人是否有提前个别清偿、放弃债权或财产担保等行为。对于有担保债权的清偿,应当权衡其财产价值,考虑该清偿行为是否有损于破产财产。管理人在涉及相关财产的处理上,应当严格依照《企业破产法》和相关规定执行,若管理人在履职过程中对于维护破产财产存在消极行为导致破产财产减少,将面临承担赔偿损失的履职风险。其法律依据是《最高人民法院关于适用〈中华人民共和国企业破产法〉若干问题的规定(二)》第九条第2款的规定,即"管理人因过错未依法行使撤销权导致债务人财产不当减损,债权人提起诉讼主张管理人对其损失承担相应赔偿责任的,人民法院应予以支持"。

④破产企业的董事、监事、高级管理人员可能存在违反忠实勤勉义务的情况。《公司法》第二十一条、第一百一十二条、第一百二十四条、第一百四十八条、第一百四十九条和《企业破产法》第三十六条等条款对此有详细的规定，其中违反忠实义务的行为包括损害型关联交易、同业竞争、收取回扣、泄露公司秘密等；违反勤勉义务的行为包括董事会违法决议、协助股东抽逃资金等。管理人在履行职责过程中，需要及时发现，或者根据破产企业股东、债权人的举报发现破产企业董事、监事、高管人员违反忠实勤勉义务的行为，并如实向债权人会议反映。若管理人在履职过程中存在应当追究却未追究的行为，将面临相应的履职风险。

（4）参与破产企业诉讼、仲裁风险。

管理人有参加破产企业的全部诉讼、仲裁活动之职责。经人民法院指定担任破产企业管理人后，无论是否接管了企业，相应法律责任业已产生，管理人应重点关注破产企业涉诉情况，如有正在进行的诉讼情况，需要中止审理的，应当提请法院中止审理；如有法院继续审查的，应当积极参加其诉讼、仲裁活动，依法争取和维护破产企业的合法权益。若破产企业因管理人缺席审判而败诉造成破产企业财产损失，管理人可能面临承担赔偿债权人损失的风险。

2. 未尽忠实职责的风险

破产法的本质是救济，其追求的价值目标是维护债务人和债权人的合法利益，维护社会公共利益和社会经济秩序。为了平衡破产程序中的各种利益冲突，确保破产程序的公正进行，必然要求处于破产程序的破产管理人处于主体中立地位。破产管理人只有站在中立的立场上，才能忠实地履行自己的职责，客观公正地履行破产清算的职责，公平地保护与破产财产有关的各方的合法利益。管理人的忠实履职，就要求管理人须保持中立性和客观性。

（1）破产管理人的中立性。

为了保证破产管理人在履职过程中的中立性，管理人必须做到利益归结上的无关性，即破产管理人必须保证其与破产企业不存在利害关系，而只对破产企业负有唯一的管理义务。因此，管理人必然不能与破产企业存在利益冲突，破产管理人对于利益冲突负有自我审查、及时披露、主动回避的多重义务。在实践中，破产管理人可能存在利益冲突的情形多种多样，对其是否可能影响破产管理人忠实履行职责由人民法院进行判断，破产管理人应当在详尽自查后将相关信息及时报告人民法院。《企业破产法》第二十四条规定禁止管理人与破产案件存在利益关系，《最高人民法院关于审理企业破产案件指定管理人的规定》第二十三条规定"社会中介机构、清算组成员有下列情形之一，可能影响其忠实履行管理人职责的，人民法院可以认定为企业破产法第二十四条第三款第三项规定的利害关系：（一）与债务人、债权人有未了结的债权债务关系；（二）在人民法院受理破产申请前三年内，曾为债务人提供相对固定的中介服务；（三）现在是或者在人民法院受理破产申请前三年内曾经是债务人、债权人的控股股东或者实际控制人；（四）现在担任或者在人民法院受理破产申请前三年内曾经担任债务人、债权人的财务顾问、法律顾问；（五）人民法院认为可能影响其忠实履行管理人职责的其他情形"，也进一步明确了破产管理人利益冲突的情形。因此，破产管理人若与破产企业存在利益冲突造成债权人或债务人损失的，则面临承担赔偿责任的风险。

（2）破产管理人的客观性。

忠实义务要求破产管理人在履行职务行为时具有客观性，即破产管理人的行为不能使自己获得额外个人利益且不具备获得额外个人利益的可能性。破产管理人在履职过程中除了获取报酬外，不应通过其他方式谋取利益。这种管理人的客观性主要体现在两个方面：一是禁止滥用破产财产。破产管理人管理、处分破产财产的目的是提升破产财产价值和维持破产财产安全，实现债权人利益最大化，这并不是破产管理人享有的收益权，因此破产管理人不得挪用、侵占债务人的破产财产，也不可以擅自在债务人财产上新增担保等。二是禁止自我交易、关联交易。在破产程序中，破产管理人直接负责破产财产的处分，如果破产管理人或者其利益关联主体参与到破产财产处分交易当中，将可能引起债权人、债务人及潜在交易对象对交易目的和交易过程是否公平、公正、公开的怀疑，即使破产管理人及其利益相关方严格遵守通过法定程序并支付合理对价，没有实际损害债权人、债务人利益，但是其行为性质将无法避免地引起潜在交易对象、债权人、人民法院对破产管理人的"忠实性"的合理怀疑。因此，在操作实践中，若破产管理人自身及关联方参与破产财产处分的交易活动，则违背忠实义务，可能面临民事赔偿的风险。

（二）刑事责任风险

刑事责任指管理人需要承担刑事责任纠纷的风险，主要是破产管理人在履职过程中的相关行为触犯了《刑法》的规定，应当按照刑法相关规定对管理人进行刑事处罚的风险。

关于破产管理人的刑事责任，《企业破产法》仅对破产管理人履职过程的刑事责任进行了高度概括，即《企业破产法》第一百三十一条规定："违反本法规定，构成犯罪的，依法追究刑事责任。"那么，究竟破产管理人在履职过程中的哪些严重违法行为属于应承担刑事责任的行为？目前破产法并没有对哪些具体行为属于刑事犯罪进行明确规定或列举。因此，我们也只能根据破产案件中可能出现的行为结合现行刑事法律、法规来确定。

一般来说，破产管理人在破产履职过程中的犯罪行为主要有贪污、受贿、挪用公款、破产欺诈、私分国有资产等。如果犯罪行为人是国家机关工作人员（如上级主管机关或财税人员、工商、土地管理等机关派到破产清算组的人员），可以根据《刑法》第九十三条对于国家工作人员的解释，适用《刑法》第三百八十二条和第三百八十三条（贪污罪）、第三百八十四条（挪用公款罪）、第三百八十五条和第三百八十六条（受贿罪）、第三百九十六条（私分国有资产罪）的有关规定，对其进行处罚。

对国家工作人员以外的其他人员，如律师、会计师、破产清算事务所人员等，可以按照《刑法》第一百六十二条（妨害清算罪，隐匿、故意销毁会计凭证、会计账簿、财务会计报告罪，虚假破产罪）、第一百六十三条（非国家工作人员受贿罪）、第一百六十四条（对非国家工作人员行贿罪）、第二百二十九条（提供虚假证明文件罪、出具证明文件重大失实罪）、第二百七十一条（职务侵占罪）和第二百七十二条（挪用资金罪）等有关规定进行处罚。

目前在破产犯罪日益严峻的趋势下，《企业破产法》对破产管理人的刑事责任规定较为原则，其对管理人履职过程中犯罪的监督作用有限。我国在后期的刑法典修订时，还需借鉴其他国家相关立法经验，增加管理人履职过程中犯罪的法律条文，明确规定出刑种和法定刑，真正实现破产管理人有法可依、权责统一。

（三）行政责任风险

行政责任风险是基于行政管理过程而产生的应承担行政责任的风险。

破产管理人的资格授予和工作规范管理归属于人民法院,从目前破产法及相关司法解释的规定内容看,管理人可能承担的行政责任主要包括罚款、除名等责任形式。

1. 罚款

《企业破产法》第一百三十条规定:"管理人未依照本法规定勤勉尽责,忠实执行职务的,人民法院可以依法处以罚款。"《最高人民法院关于审理企业破产案件指定管理人的规定》第三十九条第一款规定:"管理人申请辞去职务未获人民法院许可,但仍坚持辞职并不再履行管理人职责,或者人民法院决定更换管理人后,原管理人拒不向新任管理人移交相关事务,人民法院可以根据企业破产法第一百三十条的规定和具体情况,决定对管理人罚款。对社会中介机构为管理人的罚款5万元至20万元人民币,对个人为管理人的罚款1万元至5万元人民币。"因此,根据上述法律规定,破产管理人未尽勤勉、忠实义务,除了要承担相应的民事赔偿责任风险外,还将面临被处以罚款的行政处罚的风险。目前,广州市中级人民法院结合实践对此进行了细化,《广州市法院审理破产案件规程》第一百九十二条规定"管理人违反法律规定及人民法院确定的职责,未勤勉尽责,忠实执行职务义务的,人民法院可以依法处以罚款",《广州市中级人民法院破产管理人工作报告规定(暂行)》第十四条第二款规定"管理人多次无正当理由而怠于向人民法院报告工作的,人民法院将根据破产法第一百三十条的规定和具体情况,决定对管理人罚款"。因此,管理人的不当行为所引起的罚款责任,是管理人在履职过程中所承担的行政责任的一种。

2. 除名

《最高人民法院关于审理企业破产案件指定管理人的规定》第三十九条规定:"管理人申请辞去职务未获人民法院许可,但仍坚持辞职并不再履行管理人职责,或者人民法院决定更换管理人后,原管理人拒不向新任管理人移交相关事务,人民法院可以根据企业破产法第一百三十条的规定和具体情况,决定对管理人罚款。对社会中介机构为管理人的罚款5万元至20万元人民币,对个人为管理人的罚款1万元至5万元人民币。管理人有前款规定行为或者无正当理由拒绝人民法院指定的,编制管理人名册的人民法院可以决定停止其担任管理人一年至三年,或者将其从管理人名册中除名。"除前文所述的,管理人在未履行勤勉尽职义务或拒不配合新管理人履行交接事宜的,有可能存在被禁止担任破产管理人一年至三年,或者从管理人名册除名的行政处罚的风险。

3. 其他行政处罚

律师或律师事务所作为债务人的管理人或清算组时,若违反律师行业规范或严重违反社会公共道德,损害律师执业形象的,或违反律师执业道德和执业纪律的,还有可能存在行业协会的处分风险。根据《中华全国律师协会章程》第二十九条规定,地方律师协会根据章程规定视情节分别给予训诫、通报批评、公开谴责、取消会员资格等处分。对于会员的违法违纪行为,律师协会有权建议有处罚权的行政部门给予行政处罚。

随着我国市场经济的快速发展,我国的破产案件数量也在逐年上升,破产管理人相关业务也随之增加,但是作为社会中介机构例如律师事务所、会计师事务所或清算公司的破产管理人在履职过程中如何尽职尽责、高效快速地完成结案,同时确保债务人以及债权人的利益最大化实现是一项艰巨的任务。

在我国的一些发达城市,例如上海、深圳等已形成一套较为完善的破产实务操作手册,但是在其他地区,尤其是经济发展稍微落后的城市,很多破产管理人以及人民法院对破产案件的处理仍处于起步阶段。因此,破产管理人如何在处理破产案件时做到从容不迫,最根本的还是应加强专业和业务学习以丰富知识储备。只有做到了深刻学习破产业务知识以及相关法律知识,在工作中规范工作流程及完善细节,才能更好地认识和处理破产管理人在履职过程中的风险。但是,我国的企业破产法仍不完备,还需要后续的立法加以明确,使我国的破产管理人制度能够更加规范,能够更加有效保护债务人、债权人以及管理人的利益。

三、破产管理人履职风险典型案例分析

根据《企业破产法》的规定,破产管理人由人民法院指定。破产管理人应当勤勉尽责,忠实执行职务。

关于破产管理人的职责,《企业破产法》第二十五条作出明确规定:(一)接管债务人的财产、印章和账簿、文书等资料;(二)调查债务人财

产状况，制作财产状况报告；（三）决定债务人的内部管理事务；（四）决定债务人的日常开支和其他必要开支；（五）在第一次债权人会议召开之前，决定继续或者停止债务人的营业；（六）管理和处分债务人的财产；（七）代表债务人参加诉讼、仲裁或者其他法律程序；（八）提议召开债权人会议；（九）人民法院认为管理人应当履行的其他职责。本法对管理人的职责另有规定的，适用其规定。破产管理人的职责，就是管理、处置债务人资产以维护全体债权人的合法权益，在清偿债务人债务时，公平对待每一位债权人。

但是从司法实践来看，但凡系为推进破产清算或者重整程序而又不违反《企业破产法》以及相关司法解释等法律法规的行为，都属于破产管理人的职责。而破产管理人在履行职责过程中，要避免侵害全体或者任一债权人的合法权益。破产管理人的侵权行为，从形式上看可分为"当为不为""不当为而为"。

当为不为，即破产管理人存在疏于接管、管理、处置债务人的资产等不按照《企业破产法》规定履行"勤勉尽责、忠实执行"职责的行为。

不当为而为，即破产管理人的行为系《企业破产法》中明令禁止的行为。

破产管理人无论是当为不为还是不当为而为，归根结底是破产管理人的行为侵害了全体或者任一债权人的合法权益。破产管理人的行为侵犯了他人的合法权益，破产管理人就应当承担侵权责任。根据《企业破产法》第一百三十条规定，管理人未依照本法规定勤勉尽责，忠实执行职务的，人民法院可以依法处以罚款；给债权人、债务人或者第三人造成损失的，依法承担赔偿责任。

破产管理人对破产财产的接管、管理，是破产管理人的重要职责，也是破产程序中的一项重要工作。破产财产直接影响到全体债权人的利益，疏于接管、管理破产财产，可能会造成破产财产的价值减少，最终导致全体债权人以及债务人的利益受损。

案例一[①]

2008年9月26日，法院作出《民事裁定书》，裁定受理甲公司破产清算一案，并于同年10月10日作出《指定管理人决定书》，指定乙公司为甲

---

① 案例来源：（2018）川07民初219号、（2020）川民终114号。

公司第一任破产管理人。2014年2月25日，乙公司向法院提交《关于提请人民法院终结破产程序的报告》，请求终结破产程序。2014年4月，法院终止了乙公司在破产清算程序中的工作。2014年8月20日，法院指定丙公司作为甲公司第二任破产管理人。

2018年丁公司向法院提起诉讼，认为丙公司被指定为甲公司第二任破产管理人后，疏于履行破产管理人职责，迟迟不接管甲公司的破产财产、印章等，故意放弃对破产财产的管理，致使戊公司违法侵占属于甲公司的土地以及附属设备。丁公司要求丙公司承担违反勤勉尽责、忠实履职的责任，并要求戊公司承担侵占甲公司土地的侵权责任。

法院就本案查明了如下事实：

关于案涉土地以及附属设备，在乙公司担任甲公司第一任破产管理人期间，于2009年向法院提起诉讼，要求城发公司、园区管委会将案涉土地使用权过户到甲公司名下。一审法院于2010年3月18日作出民事判决，驳回甲公司第一任破产管理人的诉讼请求。甲公司第一任破产管理人不服向二审法院提起上诉，二审法院作出民事判决，驳回上诉，维持原判。

甲公司第一任破产管理人于2012年7月27日向法院和甲公司债权人会议作出工作报告，提出：土地以及附属设备的案件已终审判决，无法律救济途径；甲公司负责人不知去向，至今不能接管甲公司的财产、账簿、文书等资料，对甲公司财产状况、债务债权清册、有关财务会计报告及公司内部管理事务、日常开支和其他必要开支、继续营业与否、财产管理和处分均无法掌控；无证据显示甲公司有任何可供分配的财产。于2014年2月25日向法院作出《关于提请人民法院终结破产程度的报告》，请求人民法院裁定终结本案破产程序。

丙公司接受指定担任甲公司第二任破产管理人后，于2014年8月26日作出函件安排工作人员承担相关工作。于2014年11月9日作出《关于甲公司接管方案的报告》和《关于甲公司破产费用和破产管理人报酬方案的报告》，请求法院通知原破产管理人按照相关要求办理交接手续，及时移交已接管的破产债务人的财产和债权、债务登记名册等相关资料，破产财产交由丙公司接管。

2015年1月5日，丙公司作出破产管理人工作报告，向法院报告了已开展的工作：派专人与人民法院和债权人代表进行了沟通和了解，复印了相关文书资料；收到人民法院移交的甲公司破产管理人公章一枚。同时，提出存在的主要问题：原破产管理人对债务人的相关财产权利诉讼案件已经省高级人民法院终审判决，失去了申诉的最佳时间；未接管到债务人的财产、账簿报表、文书等相关资料，也无法与债务人取得联系，无法继续开展相关工作。建议人民法院裁定终结破产程序。2015年10月28日、2016年9月21日，丙公司分别作出破产管理人工作报告，其内容与上述破产管理人工作报告相一致。

2017年5月23日，法院向丙公司发出《关于责成丙公司尽快评估并处置甲公司财产的函》，载明："……现发现在甲公司与园区管委会争议诉讼并败诉的土地上，有部分应属于甲公司但未取得合法权证的建筑物和构筑物：一排连体砖混结构平房、三座独立砖混结构平房、一座框架结构房和与此相连的临时塑料板棚，绿化草木、水泥硬化地面。现责成你司对该地上附着物尽快评估、处置。"2017年6月19日，丙公司以函件委托评估公司对上述建筑物和构筑物进行评估。2017年6月30日，丙公司向法院提出请示，载明："……贵院函中所说的原甲公司未取得合法权证的建筑物和构筑物所在场地上，戊公司正在进行场地平整施工。函中所列评估对象中的两座独立砖混结构平房、一座框架结构房和与此相连的临时塑料板棚、水泥硬化地面等已经被鸣山公司拆除；一排连体砖混结构平房和配电房的外墙已经被鸣山公司重新粉刷，并搭建彩钢棚屋顶，拟挪作他用。鸣山公司的行为已经对甲公司债权人的权利构成了侵害，直接导致丙公司无法正常开展资产评估、处置工作。请求法院及时排除戊公司对上述资产的妨碍行为，明确上述资产的所有权人为原甲公司、对尚未拆除的建筑物和构筑物进行就地查封，明确被拆除的建筑物和构筑物的责任人。"

依照《企业破产法》第一百三十条规定，"管理人未依照本法规定勤勉尽责，忠实执行职务的，人民法院可以依法处以罚款；给债权人、债务人或者第三人造成损失的，依法承担赔偿责任。"本案中，丙公司在担任甲公司第二任破产管理人期间，有无违反该条款的规定，作出以下分析：

首先，根据法院查明的事实，丙公司于2014年8月20日被一审法院指定为甲公司的第二任破产管理人。自丙公司担任甲公司破产管理人后，丙公司多次向法院提交书面报告，丙公司派人与法院和债权人代表进行了沟通，并请求人民法院通知原破产管理人办理交接手续、移交财产等，但未接管到债务人的财产、财务报表等，也无法与债务人取得联系，无法开展相关工作，建议终结破产程序等。而甲公司的前一任破产管理人乙公司向法院提交的工作报告也反映甲公司负责人不知去向，无法接管财产、账目、文书等，请求终结破产程序。两任管理人均无法与其取得联系，甲公司的财物无法办理交接、接管。

关于本案涉及的土地使用权法院已审理，作出民事判决认定甲公司与园区管委会签订的出让园区内土地使用权的协议无效，甲公司要求过户案涉土地使用权的诉讼请求不予支持，甲公司对案涉土地并不享有土地使用权。因此，案涉土地使用权不属于甲公司的破产财产。

其次，2017年5月23日，法院致函丙公司责成其对案涉争议的建筑物和构筑物进行评估，丙公司于2017年6月19日委托评估公司对案涉地上附着物进行评估，同年6月27日评估公司作出评估现场情况记录载明三层独立砖混结构平方等已拆除，评估机构遂没有实施下一步的评估工作，丙公司于2017年6月30日向法院反映了这一情况。从上述事实看，丙公司在知晓案涉地上附着物后，积极参与评估工作，尽职履行了其职责。

两任破产管理人在履职期间，严格按照《企业破产法》规定的破产管理人的职责履行义务，并没有违反勤勉尽责、忠实执行职务的行为。在履职过程中并不存在主观过错、履职行为违反法律规定且给债权人造成损失的行为。

破产管理人的接管债务人系债务人进入破产程序之后的首要职责，破产管理人接管债务人系开展后续工作的基础。破产管理人只有接管了债务人，才能对债务人有最为全面的了解，才能高效地推进破产进程，才能更为全面地公平对待每一位债权人。

根据《企业破产法》第十一条第二款规定，"债权人提出申请的，人民法院应当自裁定作出之日起五日内送达债务人。债务人应当自裁定送达之日起十五日内，向人民法院提交财产状况说明、债务清册、债权清册、有关财务会计报告以及职工工资的支付和社会保险费用的缴纳情况"。该法第二十五条规定，"管理人履行下列职责：（一）接管债务人的财产、印章和账簿、文书等资料……"。该法第一百二十七条规定，"债务人违反本法规定，拒不向人民法院提交或者提交不真实的财产状况说明、债务清册、债权清册、有关财务会计报告以及职工工资的支付情况和社会保险费用的缴纳情况的，人民法院可以对直接责任人员依法处以罚款。债务人违反本法规定，拒不向管理人移交财产、印章和账簿、文书等资料的，或者伪造、销毁有关财产证据材料而使财产状况不明的，人民法院可以对直接责任人员依法处以罚款"。该法第一百三十一条规定，"违反本法规定，构成犯罪的，依法追究刑事责任"。

关于破产管理人的接管债务人的工作，《企业破产法》对破产管理人、债务人的法定代表人、实际控制人、相关负责人均作出明确的规定。但是在司法实践中，作为破产管理人通常会按照法律规定履行职责，而有的债务人的法定代表人、实际控制人、相关负责人却消极地对待破产管理人接管债务人的工作，甚至选择逃避。而全面地接管债务人对破产工作何其重要，在债务人的法定代表人、实际控制人、相关负责人不配合的情况下，破产管理人要穷尽办法去接管债务人，避免发生违反勤勉尽责、忠实履职的行为。

案例二[①]

2009年7月28日，法院裁定受理甲公司破产申请，并指定了甲公司破产管理人。2016年1月14日，乙公司向法院提起诉讼，诉称破产管理人自2009年接管甲公司的企业财产以来，未依法履行管理人职责，对甲公司的财产不闻不问，导致甲公司生产车间和办公楼所有的门窗及门窗框全部丢失，该企业先存在的所有房屋仅存整体框架和房顶，由于没有门窗及房顶失修，房屋内的墙皮脱落，红色的壁砖裸露在外，屋顶和墙壁长出了深绿的青苔。雨季过后，房屋内留有大面积的积水。锅炉内全部是黑色的被人烧过的痕迹。乙公司认为，破产管理人未依法履行管理人职责，导致甲公司的企业财产受损，财产价值减少，直接影响到乙公司作为最大债权人的债权人受偿权益。要求破产管理人赔偿乙公司经济损失。

破产管理人辩称，接受法院指定后，忠实履行了破产管理人的职责。为看护甲公司的财产，已在接受指定后次日聘用了打更人员，甲公司的现状即铝合金窗丢失完全是他人犯罪行为所致。在打更人员发现铝合金窗被盗后，及时向公安机关进行报案，公安机关已受理并立案侦查，但至今未能破案。

《企业破产法》第二十七条规定，"管理人应当勤勉尽责，忠实执行职

---

① 案例来源：（2016）辽0681民初337号。

务"。该法第一百三十条规定,"管理人未依照本法规定勤勉尽责,忠实执行职务的,人民法院可以依法处以罚款;给债权人、债务人或者第三人造成损失的,依法承担赔偿责任"。

本案中,甲公司的门窗丢失,甲公司的破产财产产生了损失,但该损失系因他人的盗窃违法犯罪行为所造成。同时,破产管理人在接受指定为破产管理人后,及时聘请了相关工作人员对甲公司的破产财产进行看管。破产管理人聘请的看管人员在发现破产财产被盗后,也及时向公安机关报案,公安机关已受理并立案侦查,但至今未能破案。破产管理人已尽到管理人的责任。

债权审查系破产管理人的一项重要的工作内容,破产管理人必须严格按照《企业破产法》以及相关法律法规的规定,对债权人的主体资格、债权的性质、数额、担保财产、是否超过诉讼时效期间、是否超过强制执行期间等情况进行多方面的审查。

案例三[①]

甲公司诉称:2013年3月11日,甲公司与乙公司签订《借款合同》,给乙公司提供600万元借款。2014年8月7日,乙公司再次向甲公司借款600万元,用于偿还2013年所借600万元。2018年乙公司进入破产程序,甲公司向乙公司管理人申报2014年所签借款合同项下形成的债权10 440 000元,乙公司管理人于2018年7月13日作出《债权审查通知书》,审查结论为:"甲公司所申报的债权10 320 000元,为有效债权。"同时,《债权审查通知书》载明"本次所申报债权为2013-03-11所借出的600万元,破产管理人认为应予以确认"的内容。乙公司管理人将甲公司申报的债权错误认定为未申报的其他债权,也未在《债权审查通知书》的审查结论中予以明确,致使甲公司产生错误认识,错失了向破产管理人提出异议和向破产法院提起异议之诉的机会,后该笔债权经破产法院裁定确认,直接导致后来甲公司就2014年所签借款合同起诉担保人承担担保责任的诉讼请求未获人民法院支持,给甲公司造成担保物权不能实现的损失,乙公司管理人应予赔偿,故请求一审法院判令:(一)乙公司管理人赔偿甲公司损失1044万

[①] 案例来源:(2020)甘02民初19号、(2020)甘民终666号。

元；（二）乙公司管理人赔偿甲公司 600 万元利息损失。

乙公司管理人辩称：第一，甲公司申报债权时提交的 2013 年 3 月 11 日和 2014 年 8 月 7 日所签订的两份借款合同，借款期限不一致，借款用途不一致，其第二份合同约定的用途为资金周转（收购啤酒花），并非"借新还旧"，经乙公司管理人查账，2014 合同所涉 600 万元借款，未实际履行，故乙公司管理人对 2013 年合同所涉 600 万元债权进行了确认，且于当日向甲公司送达《债权审查通知书》，甲公司未提出异议并进行了盖章确认，后经债权人会议表决通过包括该笔债权在内的债权表，并由法院作出裁定进行确认。乙公司管理人已根据在此基础上形成的破产财产分配方案向甲公司支付了 473 072.93 元。第二，甲公司根据 2014 年合同提起的诉讼，一审、二审及再审法院均一致认为甲公司主张的借新还旧不能成立，甲公司申请检察监督，检察机关亦认为借新还旧不能成立，而未予支持检察监督申请。

本案例中，甲公司主张乙公司管理人的行为就是不当为而为，甲公司认为乙公司管理人不应对其未申报的债权进行确认。根据《企业破产法》第五十七条、第五十八条规定，破产管理人对债权人申报的债权进行审查。此时，须从破产管理人的债权确认行为是否符合其法定职责的立法本意来审查。乙公司管理人在审查甲公司所申报的债权时发现，2014 年签订的合同约定的借款资金用途为周转（收购啤酒花），并非"借新还旧"，同时经乙公司管理人查账，2014 合同所涉及的 600 万元借款，并未实际履行。而 2013 年合同所涉 600 万元债权确认存在并且尚未实际清偿。所以，乙公司管理人从债权金额的角度予以确认，但叙明债权产生时间，防止重复申报重复清偿。

乙公司管理人在审查确认债权后，向甲公司送达了《债权审查通知书》，同时载明"本次所申报债权为 2013-03-11 所借出的 600 万元，破产管理人认为应予以确认"的内容。甲公司在收到该《债权审查通知书》后，并未对乙公司管理人的审查结果提出异议。之后，乙公司管理人将甲公司的债权提请债权人会议进行核查，并由法院作出裁定进行确认。

乙公司管理人的行为完全符合《企业破产法》第五十七条、第五十八条之规定，乙公司管理人的上述行为正是破产管理人勤勉尽责、恪尽职守的体现。而甲公司在收到《债权审查通知书》之后，因自身原因未能对自身的权利尽到审慎的注意义务，应当承担自身行为造成的不利后果。

第四章 企业破产管理人履职风险及其规制

案例四[①]

甲系乙公司职工。法院裁定受理乙公司破产清算申请，被指定了乙公司的破产管理人，后被法院裁定宣告破产。经破产清算，乙公司应支付甲工资、经济补偿金等相关费用 19 289 元。

破产管理人接管乙公司后，与甲进行对账，确认甲欠乙公司货款 83 593.72 元。乙公司管理人认为甲拖欠乙公司货款并且拖欠金额超过乙公司应当支付给甲的工资以及经济补偿金的金额，而拒不向甲支付工资以及经济补偿金等相关费用。

因乙公司破产管理人拒不支付甲的工资以及经济补偿金，甲向法院提起诉讼，认为乙公司破产管理人的行为致使甲的工资以及经济补偿金最终无法受偿，甲的合法权益受损，要求乙公司破产管理人承担侵权责任。

本案中，乙公司被告法院裁定宣告破产，乙公司破产管理人应当支付甲工资以及经济补偿金等相关费用。至于甲拖欠乙公司的货款，并不是乙公司管理人拒不支付甲工资以及经济补偿金的理由。破产管理人在知道甲拖欠乙公司的货款，应当采取措施向甲追收应收账款，而不是以甲拖欠货款拒不支付甲的工资报酬以及经济补偿金或者直接使用破产抵销权来灭失对外债权。乙公司破产管理人的行为不仅仅侵犯了甲的合法权益，全体债权人的合法权益也随之受到损害。

根据《企业破产法》第四十条规定，"债权人在破产申请受理前对债务人负有债务的，可以向管理人主张抵销。但是，有下列情形之一的，不得抵销：（一）债务人的债务人在破产申请受理后取得他人对债务人的债权的；（二）债权人已知债务人有不能清偿到期债务或者破产申请的事实，对债务人负担债务的；但是，债权人因为法律规定或者有破产申请一年前所发生的原因而负担债务的除外；（三）债务人的债务人已知债务人有不能清偿到期债务或者破产申请的事实，对债务人取得债权的；但是，债务人的债务人因为法律规定或者有破产申请一年前所发生的原因而取得债权的除外"。破产抵销权具有主体的特定性，是破产案件中的债权人专有权利并且不受债务种类和履行期限的限制。在本案中，甲可以主张向乙公司管理人主张

[①]（2016）豫 0922 民初 1146 号、（2016）豫 09 民终 2408 号。

破产抵销权，而乙公司管理人不能向甲主张破产抵销权。如果甲使用破产抵销权，乙公司破产管理人不得自动主张抵销。

《民法典》第五百六十八条规定，当事人互负债务，该债务的标的物种类、品质相同的，任何一方可以将自己的债务与对方的到期债务抵销；但是，根据债务性质、按照当事人约定或者依照法律规定不得抵销的除外。当事人主张抵销的，应当通知对方。通知自到达对方时生效。抵销不得附条件或者附期限。该法第五百六十九条规定，当事人互负债务，标的物种类、品质不相同的，经协商一致，也可以抵销。

《企业破产法》的破产抵销权相较于《民法典》的抵销权，其限制较少，对当事人具有更为重要的意义。在破产程序中，如无抵销权的设置，债权人对债务人享有的债权，因债务人无力清偿，只能得到一定比例的偿还，甚至是得不到清偿，但破产债权人对债务人所负的债务，却必须全部清偿，利益相差甚大。相同的债权人债务人之间，却处于不平等的清偿地位，这有违公平原则。为了防止破产抵销权被债权人滥用，损害他人利益，《企业破产法》也对行使破产抵销权的条件作出限制。

四、破产管理人履职风险的规制对策

2007年6月1日起施行的《企业破产法》，无论在立法理念还是制度设计上都有很大的创新与突破，其规定比较完善、成熟，具有较强的可操作性，它的颁布施行标志着我国市场经济走向成熟。1998年至2007年的十年间，人民法院共受理破产案件64 311件。据最高人民法院的数据统计，2007年至2020年，全国法院共受理破产案件59 604件，审结破产案件48 045件。全国人大常委会执法检查组关于检查企业破产法实施情况的报告提请十三届全国人大常委会第三十次会议审议。报告显示，企业破产法实施后的一段时间，我国每年破产案件数量在3000件左右。党的十八大以来，随着供给侧结构性改革持续深化，市场主体挽救与退出机制加快建立和完善，破产案件数量快速上升，2017年至2020年受理和审结的破产案件分别占《企业破产法》实施以来案件总量的54%和41%。近年来破产案件逐渐趋于复杂化，对管理人提出了更高层次的挑战和要求，同时也导致破产管理人在履职过程中面临的风险不断增加。

《企业破产法》第三章关于管理人的规定，管理人应当尽到勤勉尽责、忠实执行职务的义务。但是该规定较为笼统。因此，对于勤勉尽责、忠实执行职务是如何认定的没有一个确切的标准，而且各地各方的评判标准也是不同的，从而也会导致管理人责任纠纷案件的出现。故管理人在履职过程中更应注重流程的标准化、细节化。由于法律制度的不完备性、司法实践的多样性、立法者的有限理性和利益诉求的非一致性等原因，难以形成完整细致的管理人履职的法律统一评价标准。为了尽量避免追索管理人履职风险，应当从技术和制度方面予以建设完善。

（一）完善管理人内部工作机制

（1）管理人必须完善内部工作机制，形成一套科学化、系统化的工作方法和工作流程。管理人要建立一支专业化的团队，对团队成员从法律、财务等专业领域进行系统化的培训，确保团队成员具备专业基础知识。同时，团队负责人要对团队分工进行细化，从而形成分工合作的工作模式。

① 破产管理人的主要工作有：在被人民法院指定为破产管理人后，全面接管债务人的财产、印章和账簿、文书等资料；对于债务人的财产情况应全面调查，对外清收债权；决定债务人的内部管理事务，例如是否决定继续履行未履行完毕的合同，或者代表债务人参加诉讼等；决定债务人的日常开支；若债务人进入破产重整程序，管理人应与债务人、投资人等一同制定重整计划草案，并且监督债务人执行重整计划；若为破产清算案件，在处置完毕债务人财产后进行注销企业等收尾工作。因此，破产管理人如何在这繁琐而庞杂的工作中完善并细化工作是非常重要的一环。

② 在接管破产企业之前，破产管理人应先完善管理人的内部工作制度，做到分工明确，例如至少要设有债权组、诉讼组、资产组、综合组等职能部门，这样才能分工协作，节省时间，快速完成各自工作。而各职能部门也应就其接管的资料，建立建档制度。例如债权组，在第一次债权人会议之前是工作最为繁忙的阶段，不仅要接受债权申报人的申报资料，同时还要审核债权人提交的证据材料原件，与此同时，债权组还应对债权进行审核并制作债权确认单，寄送至债权申报人。在这一阶段中，清算组的工作量是非常大的，会产生大量的申报资料，建议债权申报人申报材料的同时一并审核申报人的原件，核对无误后当场交还其原件，降低管理人保管其

原件的责任风险。在接受债权申报人申报材料后，应将其所有资料全部扫描，留存电子档作为备份，也促使破产管理人的工作电子化。由于破产管理人团队分成数个组别，综合组应当对接受的所有资料进行整理以及归类，主要分法院文书类、管理人文书类、管理人接管资料类、债权申报与审核类、债务人资产类等多个类别。因为通常破产案件的时间跨度较大，这样能够更好地规避管理人因管理时间较长而遗失债务人资料的情形。

③将所有资料进行电子化，除移交的财务库存单、账册等难以进行电子扫描，其他资料尤其是原件资料都建议全面扫描后建立电子档案，以免纸质文件发生毁损灭失，导致管理人因无法提供相关资料，而面临未尽到保管义务的风险。对于破产管理人的印章制度也是较为重要的，管理人印章应由综合组保管，其他组需要印章时，应先向组长报备，并经其批准后再向综合组申请用章，所有流程都应留下痕迹，例如制作印章申请表、印章使用表等，从而有效确保管理人的规范工作。

（2）管理人在破产程序中要加强与债权人的沟通和交流，及时发现问题，有针对性地开展相关工作。从办理的破产案件来看，往往债权人是最了解破产企业的，包含对破产企业的经营状况、财产状况、债权债务情况的了解。有些债权人债权已经经过法院的诉讼，走到了强制执行阶段，在执行过程中初步掌握了破产企业的状况，有些债权人与破产企业牵扯较深的，有些企业的经营及举债都是由债权人参与的，所以加强与债权人的沟通，可以快速有效地获得破产企业的相关线索，对线索进行梳理，能尽快掌握破产企业的真实状况。

（3）管理人要建立复杂问题、重大事项会议讨论决策机制，充分发挥审计评估机构在决策过程中的作用。在破产案件办理过程中，管理人的大量基础工作均是围绕财产调查、追索和债权审核及职工债权展开，需要与审计机构协同工作。具体表现在财产调查及追索方面的协作：货币资金的核实；存货和固定资产等实物资产的核实；以及债权的追索工作，对外债权的核实及清收，个别清偿行为、不合理处置财产和隐匿、转移财产行为的调查。

《企业破产法》第十六条规定，人民法院受理破产申请后的个别清偿行为无效；该法第三十二条规定，破产申请受理前六个月内的个别清偿行为（个别清偿使债务人受益的除外），管理人可请求撤销；该法第三十一条规定，破产申请受理前一年内破产企业不当处置财产的五种行为，管理人可请求撤销；该法第三十三条规定，涉及债务人财产的隐匿、转移财产，以及虚构债务或者承认不真实的债务的行为无效。审计过程中，如发现存在上述几种行为或者情形的，审计人员应该向管理人员报告，便于管理人向人民法院提出确认相关行为无效或者申请撤销。此外，出于对全体债权人的合法权益负责，管理人亦应指导或者帮助审计机构开展针对上述行为的专门审计程序。例如，管理人应协助审计机构取得债务人的所有银行账户自开立至审计之日的银行流水，由审计机构进行逐笔核对，核实是否存在异常的资金流水，是否存在个别清偿等；要求债务人有关人员配合审计人员的询问；如有必要，向人民法院申请调查令，调取相关资料。

（二）完善破产管理人的执业责任保险制度

破产管理人执业责任保险是对破产管理人的高风险职业设立的责任保险，它是以被保险人破产管理人依法应当对遭受损失的债权人、债务人或第三人承担损害赔偿责任为标的而成立的保险种类。由于破产管理人技术操作的失误或过失行为导致了破产财产的损害结果。在破产案件中，案件标的往往较大，小则十几万元人民币，大则上千万元甚至上亿元人民币。若破产管理人承担赔偿责任，赔偿金额往往是律师事务所或会计师事务所无法承受负担的。这种财产损失可以通过保险机制加以化解，体现了保险涵盖的约束和保障两大功能。因此，完善管理人的执业责任保险制度，能够使管理人在工作过程中减少顾虑，能更加专注于破产案件的相关工作。

《企业破产法》第二十四条第三款明确规定，个人担任管理人的，应当参加执业责任保险。根据《最高人民法院关于审理企业破产案件指定管理人的规定》第八条第四项的规定，个人申请编入管理人名册的，应当提供执业责任保险证明材料。但是上述规定都是限定于个人担任管理人的情形，而我国目前中介机构担任破产管理人的情形较多，因此，我国破产业务中，如何建立健全破产管理人为主体的保险责任机制是值得思考的。律师事务所或是会计师事务所本身已经购买了律师执业责任保险或注册会计师执业责任保险，而对于律师事务所或会计师事务所作为破产管理人的主体时是否购买相关的责任保险，我国没有明确的规定，而且中介机构以破产管理人的主体又再次购买相关责任保险也会存在重复购买保险的情形。因此，当中介机构作为破产管理人时，需要注意其购买的执业责任险是否已包含

149

相关的破产管理人的执业责任保险。破产案件中，破产管理人起到至关重要的作用，甚至是推动整个案件进行的主要动力，因此为了使管理人在工作中减少顾虑，降低管理人的执业风险，有效保障管理人的生存发展，制定合理的破产管理人执业责任保险制度是确有必要的。

实践中，对于机构购买破产管理人执业责任保险有两种观点：一种观点认为，破产管理人执业责任保险的投保人和被保险人应当是担任管理人的机构。近期建立的破产管理人协会在收取会员会费之后，为会员统一购买破产管理人执业责任保险也是据此实施的。

另一种观点认为，以破产企业为破产管理人执业责任保险的投保人。破产管理人可先行购买破产管理人执业责任保险，投保费用归为共益债务，由破产企业财产随时清偿。一种理由为，破产管理人承接破产案件带有法律强制性色彩，破产管理人收取报酬按照债务人最终清偿的财产价值确定，近期为了将"僵尸企业"清除出市场，许多破产案件债务人处于无产可破的状态，破产管理人无论多么勤勉尽职，也是巧妇难为无米之炊。破产管理人对这类案件自然没有丝毫兴趣，在这种并非自愿承接破产案件的情形下，由其自费投保破产管理人执业责任保险有失公平，更会抑制破产管理人的从业热情。另一种理由是，破产管理人工作的最终受益人是债权人。破产管理人承担着高风险而履行职责，换来的是债权人的债权清偿更为充分、更为迅速。将破产管理人执业责任保险保费作为抵抗风险的成本，归为共益债务，由破产企业的财产随时清偿，符合公平原则。《企业破产法》第四十二条第（五）项规定中将管理人执行职务致人损害所产生的债务归为共益债务，那么破产管理人执业责任保险的保费，自然也应归为共益债务。

破产管理人执业责任保险的范围应当限制于破产管理人所应承担的民事责任范围内，即《企业破产法》第一百三十条规定的"管理人未依照本法规定勤勉尽责，忠实执行职务的，人民法院可以依法处以罚款；给债权人、债务人或者第三人造成损失的，依法承担赔偿责任"。由于我国破产管理人制度起步较晚，破产管理人的职业化水平普遍不高，在操作具体的破产案件时，民事侵权的概率很高。目前我国多数的破产管理人由于资产的限制，往往难以承担相应的民事赔偿责任，因此破产管理人具有转嫁其责任风险的客观需求。目前市场上存在的律师（注册会计师）执业责任保险，保险范围过于宽泛，不能满足破产管理人执业责任的专业特点和多元化需求,也无法适用于作为破产管理人合法存在的清算组和个人破产管理人,因此需要专门的破产管理人执业保险产品。但如果将该类产品全部纳入强制保险的范围,则明显缺少法律依据。因此,根据企业破产法的规定,除个人破产管理人必须依法投保外,其他破产管理人不能作为该项保险的强制对象。但是,是否投保有执业责任保险,可以作为该破产管理人执业风险的一个重要考量,在法院编定破产管理人名册、指定破产管理人、债权人会议对管理人人选进行变更建议时,作为参考项目。破产管理人购买执业责任保险有很大的必要性,建议修改相关法律规定,对机构破产管理人购买执业责任保险。

(三)建立最高限额赔偿机制

破产管理人的民事法律责任问题归根结底是资本市场风险的公平与合理分配的问题,而分配的前提是清晰界定市场风险与各主体间的关系。对破产利害关系人而言,破产程序的风险来源于债务人本身的商业运作,同时也来源于破产管理人的经营管理行为。因此,应当区分固有商业风险与破产管理人的执业过失风险,从而保持破产利害关系人与破产管理人职业之间的利益平衡。作为事后的损失配置机制,民事责任规则必须保持破产程序运作的基本框架,遵循风险收益成正比的规律,以便实现法律公平正义的理念。

1. 管理人承担责任的主观过错和损失程度的限制

破产管理人在从事破产事务管理过程中,面临着许多专业性很强的问题,也面临着债权人、债务人和其他第三人的利益的平衡,因此破产管理人承担着相当大的职业风险。同时,由于法律在选任管理人时强调其专业性,所以在规定管理人损害赔偿责任时,重在追究管理人故意和重大过失造成重大损失的责任。

2. 具体赔偿数额的限制

就我国法律规定来看,破产管理人包括社会中介机构管理人、个人管理人和清算组管理人,这三种管理人的经济实力是一定的。但是,破产管理人因违反义务而造成的损失则可能是巨大的。这就可能出现管理人的财产无法完全填补其所造成的损失的情形,而管理人还面临继续发展其事业的需求。所以,对管理人的损害赔偿责任的具体赔偿数额应当限制。这种限制,应从以下方面来考虑:第一,管理人的赔偿责任应以其所提供的财产担保为限。但是,由于我国法律尚未要求管理人执行破产事务前应提供财产担保,所以这需要司法解释进一步进行规定。第二,管理人的赔偿责任不应当超出其所获报酬的一定比例,具体比例可以视案件的具体情况由管理人与法院事先约定或由法院规定。第三,管理人的赔偿责任应以其执业责任险的保险金为限。当管理人的赔偿责任受到上述限制后,对于超出赔偿数额的损失管理人不再承担赔偿责任。如果管理人是出于恶意违反义务造成损失的,不受上述限制,也应当体现出惩罚性。

3. 时效上的限制

如日本破产法规定,"因破产管理人违反义务而发生的损害赔偿请求权的特殊诉讼时效为 3 年,自受害人获悉损害及引起管理人赔偿义务的情况时起算,但此项权利最迟自破产程序撤销或破产废止时起 3 年后失效"。我国破产法目前没有规定这样的诉讼时效和除斥期间。为了维护破产管理的利益,我国也可以作出类似的规定,鉴于新破产法没有规定,司法解释可以作出一定的解释。当受害人超出法定的诉讼时效和除斥期间,将丧失其权利的救济和享有。

从理论上看,破产管理人承担的民事赔偿数额应当为破产程序利害关系人应该获得的清偿数额与实际获得清偿的数额之间的差额。但随着破产企业规模的不断扩大,破产涉及的经济数额巨大,已远非一般会计师事务所、律师事务所等专业破产管理人所能承受。通常来说,破产管理人的执业报酬与其所经营管理的破产财产数额相差甚远,如果要求破产管理人就利害关系人的实际损失承担全额赔偿责任,显然不符合风险收益均衡原则,可能会降低管理人从事破产经营管理的积极性。因此,我国在完善企业破产法的同时,可以参照《海商法》中关于海上赔偿责任限制的规定,以破产管理人的执业报酬作为计算单位较为科学,具体根据破产程序涉及的财产金额划分若干范围,不同的金额范围有不同的赔偿限额。通过立法或司法解释的方式建立管理人最高限额赔偿机制,确保管理人的赔偿责任在合理范围内,以降低管理人执业风险。

第四章　企业破产管理人履职风险及其规制

4. 建立破产管理人责任豁免制度

参照我国《律师法》规定的律师的执业豁免权，即律师的执业行为或职务行为本身尤其是律师参加诉讼活动的职务行为本身不受国家法律的制裁，不论此种行为是否背离或超越了案件的真实情况，只要是遵守了国家的法律即可。也就是说，律师的职务行为本身不受法律的追究。在法律规定之下，律师只要是依照法律办案，即使其行为超越了事实，这种执业行为或职务行为本身也不受法律制裁。这在刑事诉讼活动中尤为重要。这种豁免的根本是在律师的人身权利方面，即律师的人身权利在任何条件下不因律师执业或执行职务本身的行为而受到法律的追究与制裁。而且，这种豁免仅仅是针对律师执业行为或职务行为本身而言，如在此之外，便不享有任何豁免。

豁免机制应当将美国的"商事判断规则"运用到破产程序中，即管理者在作出一项商业决策和判断时，若尽到注意义务，且出于善意，并获得了合理的信息根据，即使该项判断或决策是错误的，管理者亦不必承担法律责任。

同样在破产管理人办理破产案件过程中，也应当建立管理人豁免机制，具体指管理人在破产程序中参与经营与决策时，只要符合管理人尽到合理注意义务、与该决策无利害关系、作出经营判断时是善意的三个要件，即使该决策造成损失，管理人亦可以免于责任追究。破产管理人在办理破产案件中，面临的不仅是法律问题，还有商业经营问题，如果将因办理破产案件的一切商业判断作为决策失误要求管理人来承担，显然对破产管理人而言是不公平的。从制度上保障管理人责任豁免，将会大大降低管理人的执业风险，提高管理人办理破产案件的积极性。

5. 完善监督机制

目前，虽然我国破产法及司法解释规定债权人及法院有权对管理人执行职务的行为进行监督，但监管机制的不健全导致存在监管漏洞。为了更好地规范管理人职权，降低管理人履职风险，必须健全监督机制。

（1）加强法院监督。

破产管理人是由人民法院指定的，全面负责企业破产程序的个人或团队。根据我国破产法的要求，破产管理人需要"依照本法规定执行职务，向人民法院报告工作",这不仅是其更好地履行破产管理任务的必然要求,也是其与法院展开有效沟通的重要手段。换言之,在破产管理人与法院的有效沟通中,法院本身的监督职能扮演着非常重要的作用,它是引导破产管理人主动与法院展开沟通交流、自觉接受法院监督的重要机制。法院在监督中不仅要细化监督,还要避免成为破产程序的直接运作者。这就需要破产管理人从以下几点出发,采取针对性的措施:首先,破产管理人在各项工作开展之前,需要及时拟定相应的文件,申报法院批准执行,尤其是在财务收支管理、证照印章管理乃至突发事件应急预案等层面;其次,破产管理人需要制定完善的沟通制度,比如定期报告制度,定期向指定其为管理人的法院汇报工作进程,尤其是在破产财产处置等重大事项中,应做好书面报告,并整理归档,为法院监督创造条件。

(2)充分发挥破产管理人协会的作用。

破产管理人从事的不仅仅是单纯的律师工作,也并非单纯的会计师工作或者审计师工作,其中包含了很多综合能力的考量。设立破产管理人协会,一方面能够为破产管理人行业建立统一的学习、培训和交流机制;另一方面也能加强破产管理人的自律性管理和监督。借鉴国外破产管理人行业协会的经验及我国当前律师协会、会计师协会设立办法和制度,我国不少地级市已建立破产管理人协会,对所在辖区的破产事务管理机构进行组织领导和管理。其职能主要是:①维护破产管理人从业的合法权益,统一组织和宣传普及破产管理人的独立地位、法定职权等方面的知识,为其依法执行职务争取到更多的理解、支持和配合;②组织制订破产管理人行业操作规范及职业技术规范;③根据破产管理人的工作实际需要,组织业务培训和交流;④组织内部统一的考核和资信评级,制订业务考核规则,考核后登记并履行公示程序,同时在全行业进行资信等级评定,以确保其能够满足具体案件的需要;⑤进行自律性管理和监督,实行行业自律和必要的惩戒,以确保其能够严格按照法律规定勤勉尽责,忠实履行义务,确保破产程序的公平与效率。目前破产管理人协会监督处于行业自律阶段,后续应当从法律或法规层面就破产管理人协会的监督职责进行明确规定,以有效发挥破产管理人协会在监督领域的作用。

(3)强化债权人会议和债权人委员会对管理人的监督。

我国的债权人委员会作为破产监督人,其对破产管理人监督的重要性不言而喻。但由于我国破产法引入该制度时间较晚，在制度整体设计及具体安排上还存在着一些不尽如人意的地方。结合国外立法及本国实际，笔者认为，我国债权人委员会在制度完善上应当做到以下几点：第一，明确债权人委员会设立的时间。我国《企业破产法》虽然规定了债权人委员会由债权人会议来决定是否设立，但并未规定设立时间。原则上，不论是否进行破产和解及重整，债权人会议都应第一次债权人会议上决定债权人委员会的设置，但也可以于破产程序进行过程中随时设置。第二，加强法院对债权人委员会的审查。为了确保债权人委员会的监督能力及效果，法院应当对下列内容进行审查：债权人委员会的人数是否超过法定限额；人员中是否有职工代表或工会代表；被委派的人员是否提交授权委托书及身份证明；被选任的人员是否具备相应的资格；是否有履行监督职责的充足时间等。第三，关于债权人委员会的撤换问题。对于不称职或不适合担任债权人委员会成员的，由债权人会议或法院予以撤换，债权人会议认为法院选任的成员不合格的，可以申请撤换。第四，债权人委员会的经费问题。由于债权人委员会是代表债权人的利益，其经费原则应当由全体债权承担，由于实践中不好操作，因此笔者认为应当将其经费列入破产费用范围之内，由法院审查。建议后续通过出台司法解释的方式进一步明确赋予债权人会议和债权人委员会的监督权。

管理人责任纠纷，系破产类衍生诉讼。除了管理人履职不当被法院处罚的情形外，还有起诉管理人确认债权错误、管理人决定错误等情形。总之，近年来破产案件增长较快，破产管理人责任纠纷案件增长更快，根据《全国人民代表大会常务委员会执法检查组关于〈中华人民共和国企业破产法〉实施情况的报告》，2020年破产管理人履职纠纷案件同比增加44.1%，远高于破产案件4.7%的增幅，且起诉的管理人的理由多种多样，加上法律对管理人承担责任的方式并不十分具体，法院是否受理的标准不尽统一。因此，破产管理人履职风险的规制对策研究十分必要。管理人在履职过程中，除了应当按照一系列规范流程进行操作外，还应当有若干制度上的保障。目前我国在管理人制度保障上存在缺失，管理人在办理破产案件中明显能力不足，各方面协调捉襟见肘。本书中有针对性地提出的制度建议或思考，希望为破产管理人亟须解决的问题提供参考。

参考文献

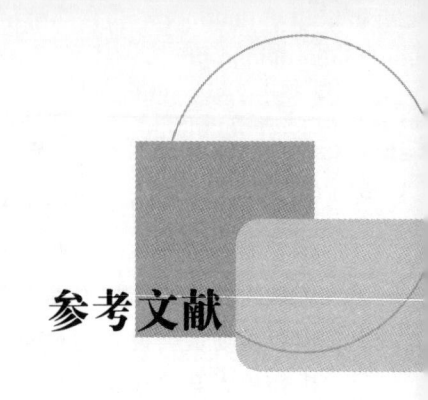

（一）图书

[1] 周放生. 国企债务重组[M]. 北京：北京大学出版社，2003.

[2] 李曙光，宋晓明.《中华人民共和国企业破产法》制度设计与操作指引（一）[M]. 北京：人民法院出版社，2006.

[3] 张明楷. 刑法格言的展开[M]. 北京：北京大学出版社，2013.

[4] 齐树洁. 破产法[M]. 厦门：厦门大学出版社，2007.

[5] 李永祥，丁文联. 破产程序运作实务[M]. 北京：法律出版社，2007.

[6] 王新欣. 破产法[M]. 2版，北京：中国人民大学出版社，2007.

[7] 张思星. 企业破产全流程实务操作与案例精解[M]. 北京：中信出版社，2021.

[8] 最高人民法院民事审判第二庭. 最高人民法院关于企业破产法司法解释（三）理解与适用[M]. 北京：人民法院出版社，2019.

[9] 陈夏红，闻芳谊. 破产重整实务指南[M]. 北京：法律出版社，2019.

[10] 刘宁，张庆等. 公司破产重整法律实务全程解析——以兴昌达博公司破产重整案为例[M]. 3版. 北京：北京大学出版社，2022.

[11] 韩天明. 民营企业破产法律问题研究：以泉州破产审判为视角[M]. 北京：法律出版社，2020.

[12] 江丁库，郑小雄等. 民营企业破产管理法律实务[M]. 北京：人民法院出版社，2019.

[13] 冯坚. 破产程序中利息债权审查问题研究[M]. 北京：法律出版社，2019.

[14] 曹丽，李国军. 破产案件操作指引[M]. 3版. 北京：人民法院出版社，2019.

[15] 朱全胜. 破产管理人工作手册[M]. 北京：法律出版社，2021.
[16] 李燕. 破产管理人典型案例实操[M]. 北京：法律出版社，2023.
[17] 崔峰. 破产典型案例剖析与实务指南[M]. 北京：法律出版社，2023.
[18] 杜万华. 最高人民法院公司法司法解释（四）理解与适用[M]. 北京：人民法院出版社，2017.
[19] 黄金华. 破产全流程实务操作指引[M]. 北京：中国法制出版社，2020.
[20] 孙创前. 破产管理人实务操作指引[M]. 2版. 北京：法律出版社，2018.
[21] 蒋阳兵，兰才明. 破产与重生之道：360度解码破产程序[M]. 北京：法律出版社，2022.
[22] 张晨颖. 合伙企业破产法律问题研究[M]. 北京：法律出版社，2016.
[23] 张善斌. 破产法实务操作105问[M]. 武汉：武汉大学出版社，2020.
[24] 冯颖仪，梁承雍，刘晓军. 企业破产清算重整疑难问题与案例精解[M]. 北京：中国法制出版社，2019.
[25] 王静. 实质合并破产法律制度构造研究[M]. 北京：法律出版社，2021.
[26] 王欣新. 破产法前沿问题思辨[M]. 北京：法律出版社，2017.
[27] 施天涛. 关联企业法律问题研究[M]. 北京：法律出版社，1998.
[28] 朱慈蕴. 公司法人格否认法理研究[M]. 北京：法律出版社，1998.
[29] 邓峰. 普通公司法[M]. 北京：中国人民大学出版社，2009.

（二）论文

[1] 任秀芳. 危困企业法律风险的处置及对策——以推进破产重整制度实施为视角[J]. 学术交流，2014，（1）：41-44.
[2] 中国审判流程信息公开网. 重庆市涪陵区人民法院. 破产案件程序指引[EB/OL]. [2018-04-26]. https://splcgk.court.gov.cn/gzfwww/sszn/details?id=ff80808162 f1a544016300b5921d01fb.
[3] 蒋辰遑. 为何"破产"应当是企业家的基础法律课？——业家应当建立风险主动管理意识[J]. 法苑，2021，（1）：183-185.
[4] 王义，刘丽燕. 律师事务所担任破产管理人的法律风险防范要点[J]. 广西大学学报（哲学社会科学版），2013，（2）：64-68.
[5] 赵玉义. 律师事务所担任破产管理人的法律风险防范要点[J]. 长春工

业大学学报：社会科学版，2011，（2）：85.

[6] 尹正友. 破产管理人的困惑[J]. 律案精读，2007，（11）：110.

[7] 陈英. 破产重整中的信息披露问题研究[J]. 广西大学学报（哲学社会科学版），2009，（5）.

[8] 申文君，王田田. 民营企业破产重整中的债转股：制度逻辑、现实困境与规则完善[J]. 金融发展研究，2023，（8）：80-88.

[9] 王纯强. 关联企业合并破产重整实证研究：裁判样态与法理思考——兼评《公司法》与《企业破产法》的制度协调[J]. 法律适用，2022，（10）：90-99.

[10] 张金. 企业破产财产处置的若干法律问题探讨——从××公司破产财产处置视角出发[J]. 现代企业，2022，（7）：143-145.

[11] 罗俊. 论营商环境条例下企业破产重整的重要意义[J]. 商业文化，2022，（6）：46-48.

[12] 李曙光. 论我国《企业破产法》修法的理念、原则与修改重点[J]. 中国法律评论，2021，（6）：25-40.

[13] 孙玉国.《企业破产法》中管理人制度分析及有效策略[J]. 现代企业，2022，（2）：123-124.

[14] 司伟. "绝对"与"相对"之辩：论我国企业破产重整中优先原则的选择[J]. 中国法律评论，2021，（6）：88-98.

[15] 张朋敏，丁燕. 企业破产和解法律制度研究[J]. 东莞理工学院学报，2021，（6）：61-66.

[16] 赵吟. 连带责任视角下个人与企业合并破产的准入规范[J]. 法学，2021，（8）：20-37.

[17] 韩荣. 重整计划终止后债权清偿的效力分析——以《企业破产法》第93条的修改为视角[J]. 中国政法大学学报，2021，（4）：199-210.

[18] 吴尧，吴杰. 企业破产管理人考评之浅析[J]. 市场周刊，2021，（7）：145-148.

[19] 付兴，刘群. 民营企业破产重整法律问题探析[J]. 经济研究导刊，2021，（14）：147-152.

[20] 刘红，王昌昌. 民营企业破产重整相关法律问题探析——以债权人利益保护为视角[J]. 湖北师范大学学报（哲学社会科学版），2020，（5）：

49-51.

[21] 朱文龙. 中小企业破产重整的困境与突破[J]. 广西政法管理干部学院学报，2020，(6)：82-87.

[22] 刘庆飞. 论中小企业特殊的破产重整制度[J]. 企业经济，2013，(1)：81-85.

[23] 李震东. 重整中的新融资债务属于破产程序中的共益债务[J]. 人民司法，2014，(24)：43-45.

[24] 徐阳光，何文慧. 出售式重整模式的司法适用问题研究——基于中美典型案例的比较分析[J]. 法律适用（司法案例），2017，(4)：88-95.

[25] 徐澎. 企业破产与刑事追缴退赔交叉问题研究[J]. 东北农业大学学报（社会科学版），2020，(3)：43-50.

[26] 唐旭超."先刑后民"在破产程序下的审视与重构[J]. 人民司法，2014，(7)：72-75.

[27] 付翠英. 非法人企业破产的法律适用问题[J]. 法律适用，2023，(8)：145-148.

[28] 徐阳光，武诗敏. 我国中小企业重整的司法困境与对策[J]. 法律适用，2020，(15)：84-95.

[29] 徐阳光，殷华. 论简易破产程序的现实需求与制度设计[J]. 法律适用，2015，(7)：100-104.

[30] 王娜，喻锴. 企业破产程序中的刑事风险与合规制度建设[J]. 池州学院学报，2023，(2)：38-42.

[31] 付中华. 虚假破产罪的补辑路径——以"虚假破产行为"认定为中心[J]. 中国政法大学学报，2021，(4)：81-93，207-208.

[32] 张钦昱. 僵尸企业出清新解：强制注销的制度安排[J]. 法学杂志，2019，(12)：32-45.

[33] 王欣新.《全国法院破产审判工作会议纪要》要点解读[J]. 法治研究，2019，(5)：122-137.

[34] 籍瑞华. 由"破"转"产"：困境企业挽救机制的比较及借鉴[J]. 安徽理工大学学报，2020，(6)：21-25.

[35] 彭插三. 实质合并规则与公司法人人格否认制度比较研究[J]. 北京工商大学学报（社会科学版），2010，(3)：109-114.

[36] 曹欣. 论我国破产重整计划强裁制度的司法难题——兼评《中华人民共和国企业破产法》第八十七条修改与完善[J]. 行政与法, 2022, (7): 77-84.

[37] 李曙光, 王佐发. 中国《破产法》实施三年的实证分析——立法预期与司法实践的差距及其解决路径[J]. 中国政法大学学报, 2011, (2): 58-79+159.

[38] 李韵石. 解析北大方正破产重整[J]. 法人, 2023, (4): 79-80.

[39] 周陈, 张钦昱. 企业合规从宽与破产重整制度并行的现实问题与完善路径[J]. 河南社会科学, 2023, (6): 81-91.

[40] 李曙光. 我国破产重整制度的多维解构及其改进[J]. 法学评论, 2022, (3): 99-113.